中国南方电网
CHINA SOUTHERN POWER GRID

南方电网能源发展研究院

中国能源供需报告

（2022年）

南方电网能源发展研究院有限责任公司　编著

中国电力出版社
CHINA ELECTRIC POWER PRESS

图书在版编目（CIP）数据

中国能源供需报告.2022年/南方电网能源发展研究院有限责任公司编著.—北京：中国电力出版社，2023.4

ISBN 978-7-5198-7696-8

Ⅰ.①中⋯ Ⅱ.①南⋯ Ⅲ.①能源需求-研究报告-中国-2022 Ⅳ.①F426.2

中国国家版本馆 CIP 数据核字（2023）第 056802 号

出版发行：中国电力出版社
地　　址：北京市东城区北京站西街 19 号（邮政编码 100005）
网　　址：http://www.cepp.sgcc.com.cn
责任编辑：岳　璐（010-63412339）
责任校对：黄　蓓　王海南
装帧设计：张俊霞
责任印制：石　雷

印　　刷：北京华联印刷有限公司
版　　次：2023 年 4 月第一版
印　　次：2023 年 4 月北京第一次印刷
开　　本：787 毫米×1092 毫米　16 开本
印　　张：9.25
字　　数：130 千字
印　　数：001—800 册
定　　价：68.00 元

在积极稳妥推进碳达峰、碳中和的背景下，我国能源电力行业在加快规划建设新型能源体系、逐步构建新能源占比逐渐提高的新型电力系统的方向上奋力前行。 南方电网能源发展研究院以习近平新时代社会主义思想为指导，在南方电网公司党组的正确领导下，立足具有行业影响力的世界一流能源智库，服务国家能源战略、服务能源电力行业、服务经济社会发展的行业智囊定位，围绕能源清洁低碳转型、新型电力系统建设以及企业创新发展等焦点议题，深入开展战略性、基础性、应用性研究，形成一批高质量研究成果，以年度系列专题研究报告形式集结成册，希望为党和政府科学决策、行业变革发展、相关研究人员提供智慧和力量。

2021 年，全球经济回暖带动能源需求反弹，能源消费总量同比增长 5.8%，可再生能源继续保持快速发展势头，非化石能源消费占比提高 0.9 个百分点，达 17.8%。 我国疫情防控得当，经济生活秩序快速恢复，能源消费总量稳步增长至 52.4 亿 t 标准煤，同比增长 5.2%，能源消费结构持续优化，非化石能源消费占比同比提高 0.7 个百分点，达 16.6%。 能源生产总量 43.3 亿 t 标准煤，同比增长 6.2%。 2020 年，南方五省区能源消费总量 7.0 亿 t 标准煤，同比增长 4.8%，增速低于全国，非化石能源消费占比 30.3%，高于全国平均水平。

作为年度系列专题研究报告之一，《中国能源供需报告（2022 年）》对比分析了 2021 年全球、我国能源发展形势，从能源需求、供应、关键指标等多个维度重点分析总结了我国以及南方五省区的能源发展状况，对 2022 年和 2023 年我国能源供需情况进行了预测，研判了"十四五"能源发展形势并给出相关建议。

本报告由肖天颖负责第 1 章到第 4 章的编写，周晓负责第 5 章及专题部分的编写，董楠负责第 6 章的编写。其余编写人员对本报告均有贡献。本报告旨在为能源电力行业业内人士及其他关心能源发展的专家学者提供参考。

本报告在编写过程中，得到了南方电网公司计划与财务部、市场营销部等部门的悉心指导，在此表示最诚挚的谢意！

限于作者水平，本报告难免存在疏漏与不足，恳请读者批评指正。

编　者

2022 年 9 月

目录
CONTENTS

前言

第 1 章

全球宏观形势及能源供需概况

1.1 全球宏观形势

1.1.1 全球新冠疫情发展趋势

2021 年全球疫情经历多轮扩散与反弹。自 2020 年 3 月新冠疫情在全球暴发以来，新冠病毒不断变异并在全球迅速流行，世界疫情几经起伏。2021 年，疫情在全球各地依然处于此起彼伏的状态，暂时没有消退的迹象。截至 2021 年底，全球累计确诊病例达 2.87 亿例，累计死亡病例达 544 万例，其中美国、印度、巴西累计确诊分别超过 5355 万、34 843 万、2226 万人。2021 年全球新冠肺炎确诊及死亡病例累计值如图 1-1 所示。

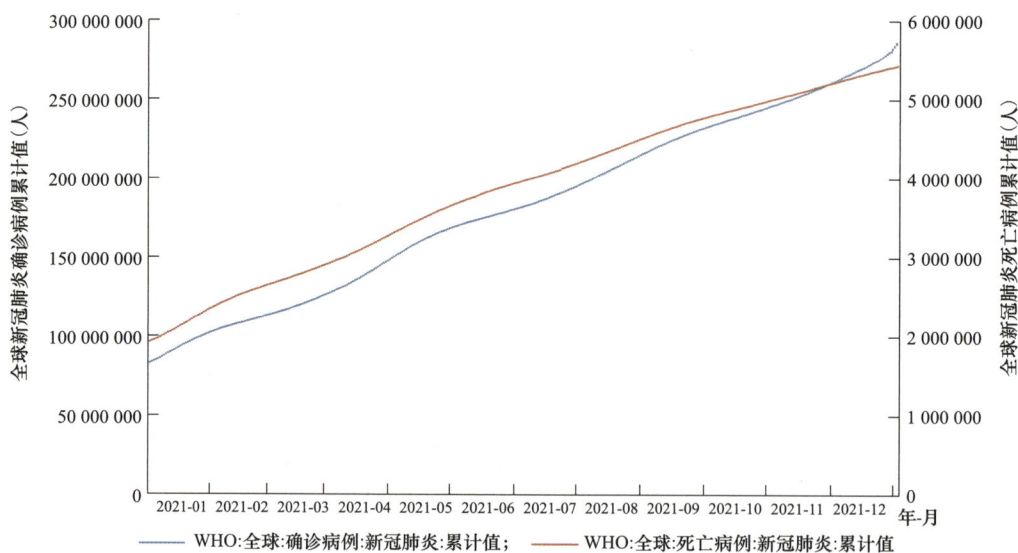

图 1-1　2021 年全球新冠肺炎确诊及死亡病例累计值

数据来源：世界卫生组织（World Health Organization，WHO）

新冠疫苗研发进展迅速，在全球进行广泛接种。2021 年主要国家新冠肺炎疫苗和药品的研发均取得重要进展。据世界新冠肺炎疫苗追踪，截至

2021 年底，全球平均每百人新冠疫苗接种 116 剂次，中国达 199 剂次，美国、英国、法国、德国和巴西均超 150 剂次，俄罗斯、印度、南非等其他新兴经济体接种节奏明显落后。2021 年底全球主要国家每百人新冠疫苗接种剂次情况如图 1-2 所示。

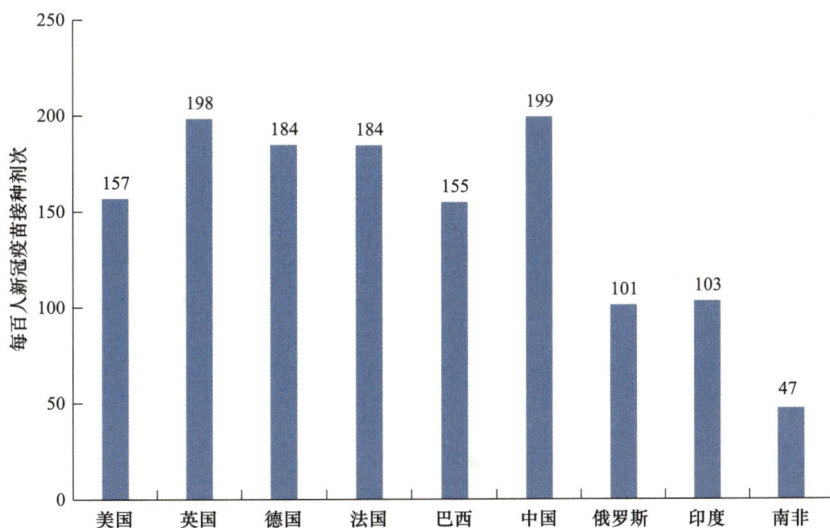

图 1-2　2021 年底全球主要国家每百人新冠疫苗接种剂次情况

数据来源：万得资讯（WIND）

1.1.2　全球宏观经济形势

全球经济从深度衰退中复苏，增速由负转正，实现恢复性增长。2021 年全球经济生产总值（Gross Domestic Product，GDP）同比增长 6.1%，增速同比提升 9.4 个百分点，为近十年来最高增速。其中，发达经济体 GDP 总量同比增长 5.2%，增速同比提高 9.9 个百分点；新兴市场与发展中经济体 GDP 总量同比增长 6.8%，增速同比提高 9.0 个百分点。但疫情带来的影响广泛而深远，外部环境依旧复杂多变，全球经济复苏之路充满高度不确定性。2012—2021 年全球及主要经济体 GDP 增速情况如图 1-3 所示。

图 1-3　2011—2021 年全球及主要经济体 GDP 增速情况

数据来源：IMF 世界经济展望数据库

1.2　全球能源需求

1.2.1　能源消费总量和结构

能源消费需求回暖，煤炭消费强势回弹。2021 年全球能源消费总量同比增长 5.8%，增速同比回升 10.3 个百分点，其中煤炭消费同比增长 6.0%，石油消费同比增长 5.8%，天然气消费同比增长 5.0%，非化石能源消费同比增长 3.6%。

非水可再生能源消费占比进一步提升。2021 年全球煤炭消费占能源消费总量 26.9%，同比提升 0.1 个百分点；石油消费占比 31.0%，同比提升 0.1 个百分点；天然气消费占比 24.4%，同比下降 0.1 个百分点；非化石能源消费合计占比 17.7%，同比下降 0.1 个百分点，其中风电、光伏等非水可再生能源消费占比 6.7%，同比提升 0.5 个百分点。2020—2021 年全球能源消费结构如图 1-4 所示。

1.2.2　分地区能源消费

亚太地区能源消费量居全球首位。2021 年亚太地区能源消费占全球能源消费总量的 45.8%，比上年提升 0.3 个百分点，其中中国、印度分别占亚太地区的 57.9% 和 13.0%；北美地区能源消费占全球能源消费总量的 19.1%，比上年下降 0.3 个百分点；欧洲地区能源消费占比 14.8%，比上年提升 0.9 个百分点；而后依次是独联体地区、中东地区、南美地区和非洲地区，占比分别是 6.8%、6.4%、4.8%、3.4%。2021 年全球各地区能源消费占比如图 1-5 所示。

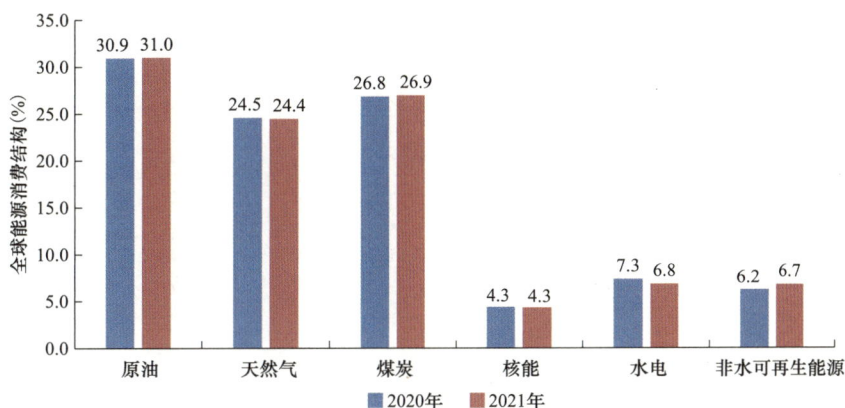

图 1-4　2020—2021 年全球能源消费结构

数据来源：英国石油公司（BP p. l. c.，以下简称 BP）《Statistical Review of World Energy 2022》

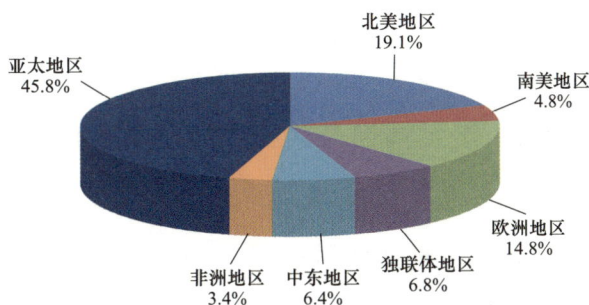

图 1-5　2021 年全球各地区能源消费占比

数据来源：BP《Statistical Review of World Energy 2022》

全球大多数地区能源消费以石油和天然气为主，亚太地区以煤炭为主。北美、欧洲、中东、非洲地区和独联体地区能源消费占比最高的均为石油和天然气。其中北美地区石油和天然气消费分别占该地区能源消费总量的

37.0％和32.7％；欧洲地区占比分别为33.5％和25.0％；中东地区占比分别为54.5％和21.0％；非洲地区占比分别为39.3％和29.6％；独联体地区占比分别为54.5％和21.0％。南美地区能源消费占比最高的是石油和水电，占比分别为39.8％和20.7％；亚太地区是煤炭和石油，占比分别为46.8％和25.9％。2021年全球各地区能源消费结构如图1-6所示。

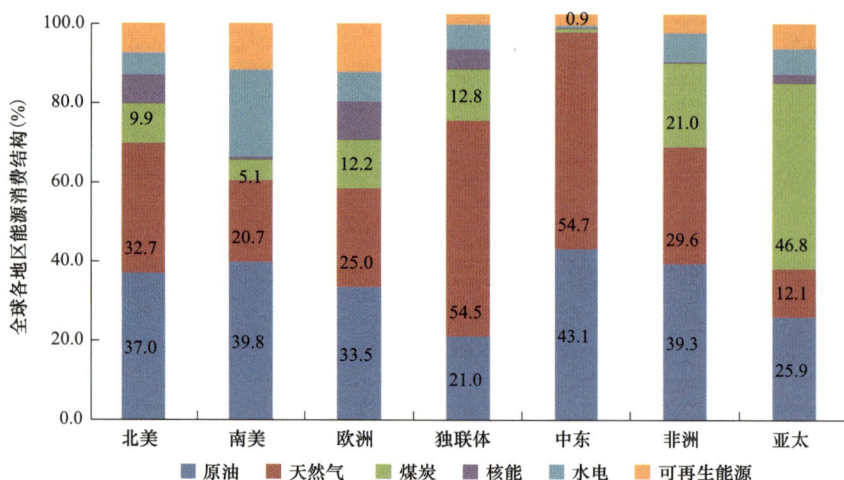

图1-6　2021年全球各地区能源消费结构

数据来源：BP《Statistical Review of World Energy 2022》

1.2.3　分品类能源消费

（1）煤炭消费2021年大幅回升，亚太地区消费占比显著提升。2021年，全球煤炭消费量54.6亿t标准煤，同比增长6.3％，创近十年以来最高增速。2012—2021年全球煤炭消费量如图1-7所示。

全球煤电发电量创十年最高增幅。2021年，全球煤电发电量同比增长9.0％，创有记录以来最高增幅。其中，北美地区和独联体地区煤电发电量同比分别增长14.6％和11.9％，增幅居全球前两位。煤电发电量高速增长，是因为清洁电力的增长速度无法满足电力需求的高速增长，近80％的新增电力需求是由化石燃料满足，其中59％的新增电力需求由煤电供应。2012—2021年全球煤电发电量如图1-8所示。

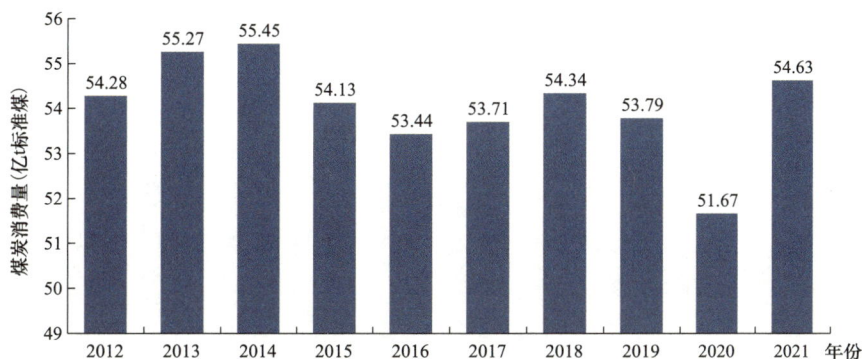

图 1-7　2012—2021 年全球煤炭消费量

数据来源：BP《Statistical Review of World Energy 2021》

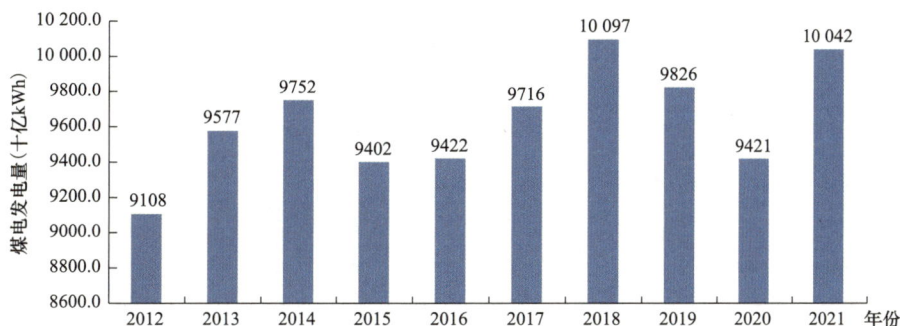

图 1-8　2012—2021 年全球煤电发电量

数据来源：英国气候及能源智库（以下简称 EMBER）《全球电力行业回顾》

亚太地区煤炭消费占全球比重显著提升。2021 年亚太煤炭消费量占全球煤炭消费量的 79.7%，比上年提高 1.9 个百分点。2021 年中国煤炭消费量达 29.4 亿 t 标准煤，占全球煤炭消费量的 53.8%，比上年提升 1.6 个百分点。2012—2021 年中国煤电发电量占全球比重如图 1-9 所示。

（2）石油消费大幅回升，增速为十年最高。2021 年，全球日均石油消费量 9409 万桶/日，同比大幅增长 6.0%，增速为近十年来最高，七大地区石油消费量均实现正增长。其中南美地区和非洲地区增幅位居前两位，分别为 10.2% 和 8.7%。增幅最小的两个地区是中东地区和亚太地区，分别为 4.9% 和 3.9%。2012—2021 年全球日均石油消费量及增速情况如图 1-10 所示，2021 年全球分地区日均石油消费占比如图 1-11 所示。

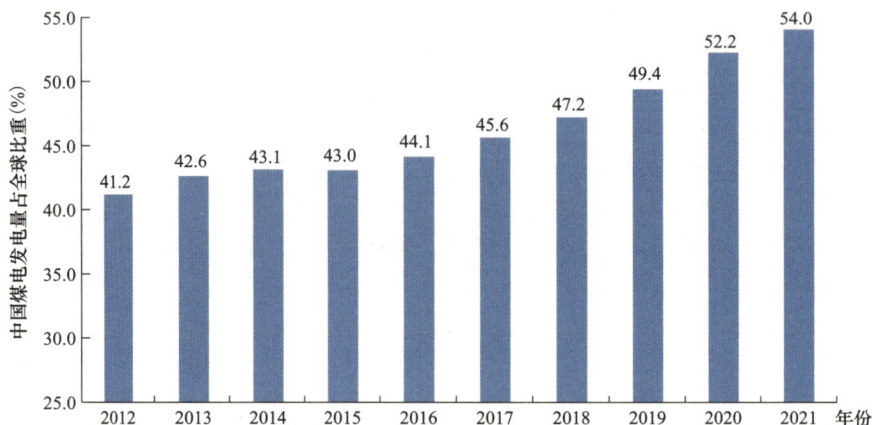

图 1-9 2012—2021年中国煤电发电量占全球比重

数据来源：EMBER《全球电力行业回顾》

图 1-10 2012—2021年全球日均石油消费量及增速情况

数据来源：BP《Statistical Review of World Energy 2022》

亚太和北美是最主要的石油消费地区。分区域来看，亚太地区石油消费量居全球首位，占全球石油消费量的38.1%，同比提升0.1个百分点；北美地区石油消费列第二位，占比23.7%，同比提升0.2个百分点。其余依次是欧洲、中东、南美、独联体地区与非洲地区，占比分别为14.4%、9.2%、6.0%、4.6%、4.2%。

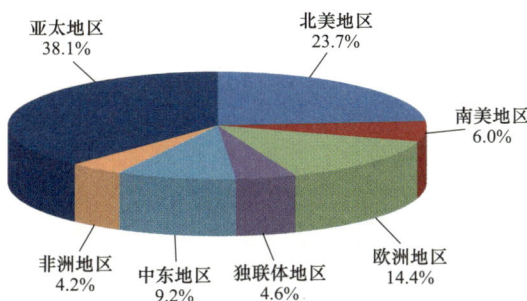

图 1-11　2021 年全球分地区日均石油消费占比

数据来源：BP《Statistical Review of World Energy 2022》

(3) 天然气消费强势回弹。2021 年，全球天然气消费量 40 375 亿 m³，同比增长 5.3%，增速同比提升 7.6 个百分点。消费量排名前三的地区为北美、亚太和独联体，合计消费量占全球天然气消费量的 63.5%。2012—2021 年全球各地区天然气消费量及平均增速情况如图 1-12 所示。

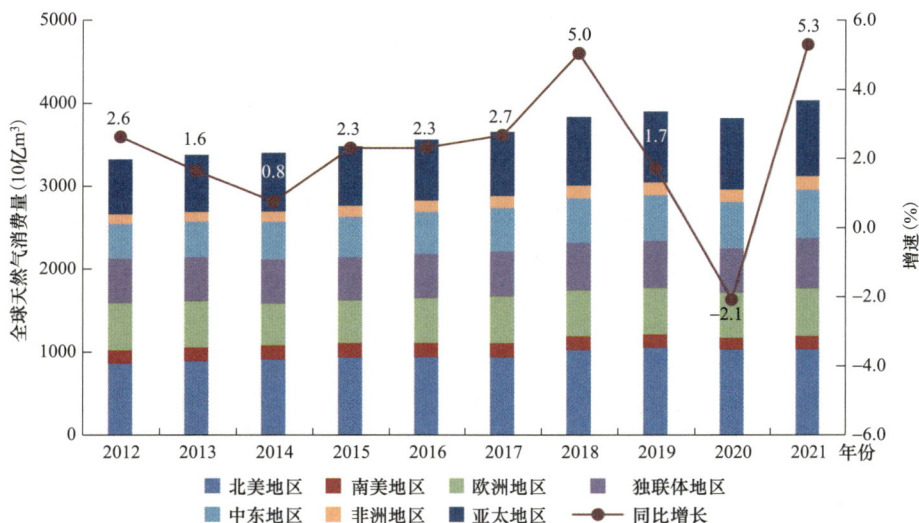

图 1-12　2012—2021 年全球各地区天然气消费量及平均增速情况

数据来源：BP《Statistical Review of World Energy 2022》

北美地区天然气需求回暖。2021 年北美地区天然气消费量 10 341 亿 m³，增速由负转正，同比增长 0.8%。消费量排名前三位的分别为美国、加拿大、墨西哥。其中，美国消费量 8267 亿 m³，同比减少 0.4%；加拿大 1192 亿 m³，同比增长 5.5%；墨西哥 882 亿 m³，同比增长 5.7%。新冠肺炎疫情得到控制，生产活动逐步恢复是北美地区天然气消费需求回暖的主要原因。

亚太地区天然气消费持续增长。2021 年亚太地区天然气消费量 8616 亿 m³，同比增长 0.1%。其中消费量排名前三位的中国、日本、韩国合计消费天然气 4916 亿 m³，占亚太地区天然气消费量的 59.3%。中国受环境保护等因素拉动，天然气消费量同比增长 12.8%，增速同比提升 5.9 个百分点；日本天然气消费量同比下降 0.2%，为连续第四年下降；韩国天然气消费量同比增长 9.0%，增速同比提升 8.2 个百分点。

独联体地区天然气消费强势回弹。2021 年独联体地区天然气消费量 6108 亿 m³，同比增长 11.4%，增速同比提升 15.4 个百分点。消费量排名前三位的分别为俄罗斯、乌兹别克斯坦和土库曼斯坦。其中，俄罗斯消费量 4746 亿 m³，同比增长 12.4%；乌兹别克斯坦 464 亿 m³，同比增长 6.9%；土库曼斯坦 367 亿 m³，同比增长 24.2%。

天然气消费量排名前三位的国家为美国、俄罗斯和中国，合计消费量占全球天然气消费总量的 41.6%，其中美国消费量持续下滑，俄罗斯消费需求强势回升，中国则延续增长态势。2012—2021 年主要国家天然气消费量如图 1-13 所示。

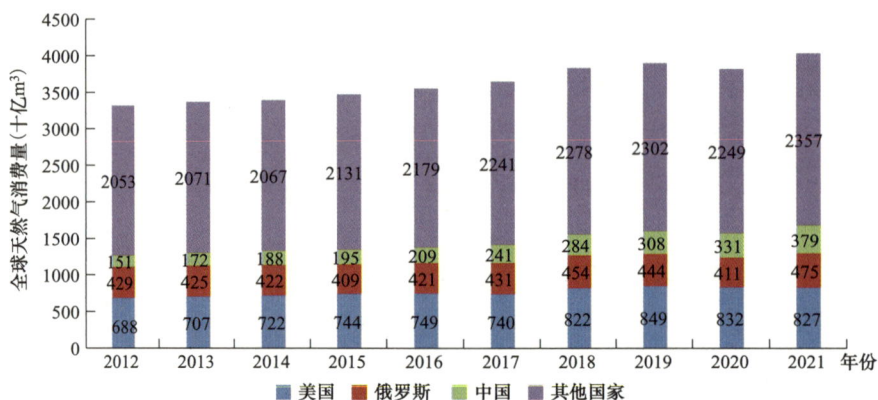

图 1-13　2012—2021 年主要国家天然气消费量

数据来源：BP《Statistical Review of World Energy 2022》

（4）非水可再生能源消费保持较快增长。2021 年，全球非水可再生能源消费量 13.6 亿 t 标准煤，同比增长 14.7%。亚太地区连续 8 年增量第一，对 2021 年全球非水可再生能源消费增量的贡献率为 70.1%，远高于北美的17.0% 和欧洲的 4.6%。2012—2021 年全球非水可再生能源消费量及增速情况如图 1-14 所示。

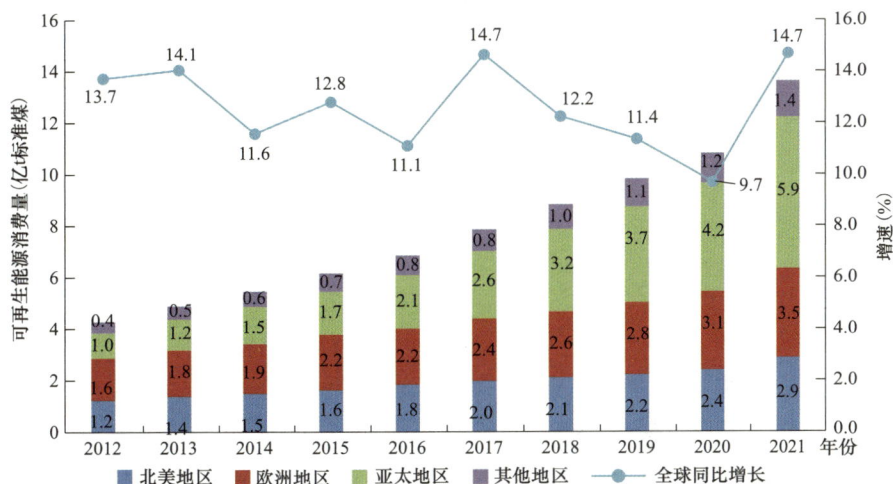

图 1-14　2012—2021 年全球非水可再生能源消费量及增速情况

数据来源：BP《Statistical Review of World Energy 2022》

中国对全球非水可再生能源消费增量的贡献率最高。分国家来看，2021年对全球非水可再生能源消费增长贡献排名前三位的依次是中国、美国和印度，贡献率分别为 54.6%、16.2% 和 4.0%。

1.3　全球能源供应

非水可再生能源供应保持高速增长，化石能源产量不同程度回升。2021年全球非水可再生能源发电量同比增长 12.5%，首先，太阳能发电量增长最快，增速达 22.3%，其次是风能增长 17.0%，其他同比增长 5.3%。化石能源中，煤炭产量大幅增长 5.9%，石油产量同比小幅回升 1.7%，天然气产量同比增长 4.8%。

1.3.1 煤炭

2021 年全球煤炭产量总体大幅增长。2021 年全球煤炭产量 57.2 亿 t 标准煤，同比增长 5.9%。其中，南美地区煤炭产量增幅最大，同比增长 13.7%；北美地区和欧洲地区增幅并列第二位，同比增长 7.7%；中东地区列第三位，同比增长 7.5%；亚洲地区同比增长 5.9%；非洲是唯一负增长的地区，同比下降 2.4%。2012—2021 年全球煤炭产量及增速情况如图 1-15 所示。

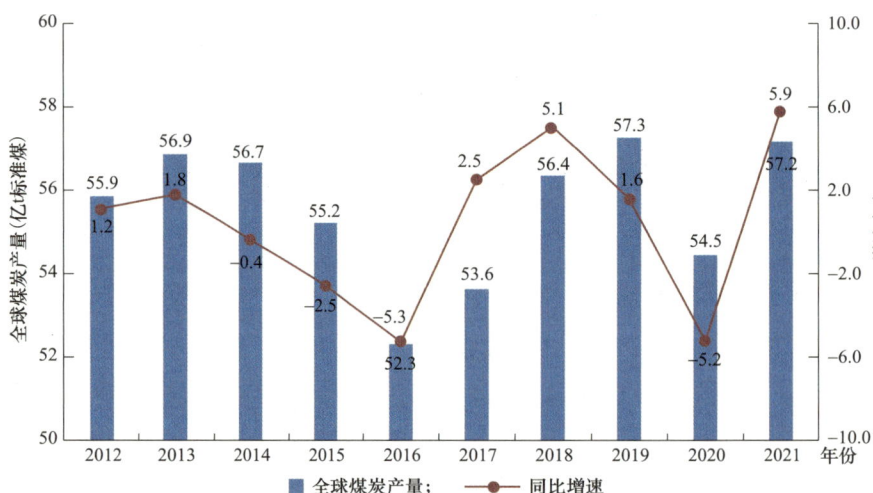

图 1-15　2012—2021 年全球煤炭产量及增速情况

数据来源：BP《Statistical Review of World Energy 2022》

亚太地区煤炭产量占比保持高位。2021 年，亚太地区煤炭产量 44.2 亿 t 标准煤，占全球煤炭总产量的 75.8%，同比下降 0.1 个百分点。中国煤炭产量占全球煤炭总产量比重为 50.5%，与上年基本持平。2012—2021 年全球各地区煤炭产量占全球总产量比重见表 1-1。

表 1-1　2012—2021 年全球各地区煤炭产量占全球总产量比重（%）

年份	2012	2013	2014	2015	2016	2017	2018	2019	2020	2021
北美地区	12.3	11.8	12.1	11.2	9.8	10.1	9.3	8.6	6.9	7.1
南美地区	1.2	1.2	1.3	1.2	1.4	1.3	1.1	1.1	0.8	0.8

续表

年份	2012	2013	2014	2015	2016	2017	2018	2019	2020	2021
欧洲地区	9.7	9.1	8.7	8.6	8.8	8.6	8.4	7.0	6.2	6.3
独联体地区	5.9	5.9	5.9	6.1	6.7	6.9	7.1	7.0	6.8	6.9
中东地区	0	0	0	0	0	0	0	0	0	0
非洲地区	3.3	3.2	3.4	3.3	3.5	3.6	3.5	3.5	3.5	3.1
亚太地区	67.5	68.7	68.7	69.5	69.8	69.5	70.5	72.8	75.9	75.8

数据来源：BP《Statistical Review of World Energy 2022》

全球煤炭贸易总量上升。2021 年全球煤炭总贸易量 22.8 亿 t 标准煤，同比增长 4.4%。进口方面，煤炭需求稳定增长的日本和欧洲国家对进口量增长的贡献最大，两地煤炭进口量同比分别增长 23.0% 和 35.8%；出口方面，中国和一些其他非洲国家的煤炭出口量增长明显，同比分别增长 61.1%、64.0%。2012—2021 年全球煤炭总贸易量及增速情况如图 1 - 16 所示。

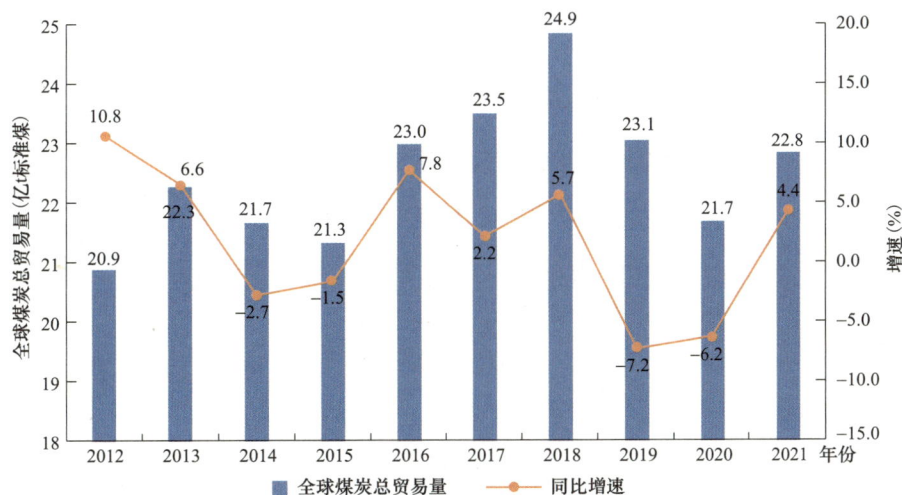

图 1 - 16　2012—2021 年全球煤炭总贸易量及增速情况

数据来源：BP《Statistical Review of World Energy 2022》

1.3.2　石油

2021 年全球石油产量止跌回升。2021 年，全球石油市场迎来复苏。在需求的拉动下，全球石油日均产量8988万桶，同比增长1.7%，市场由供应过剩200万桶/日变为短缺205万桶/日。2012—2021年全球石油日均产量及增速情况如图1-17所示。

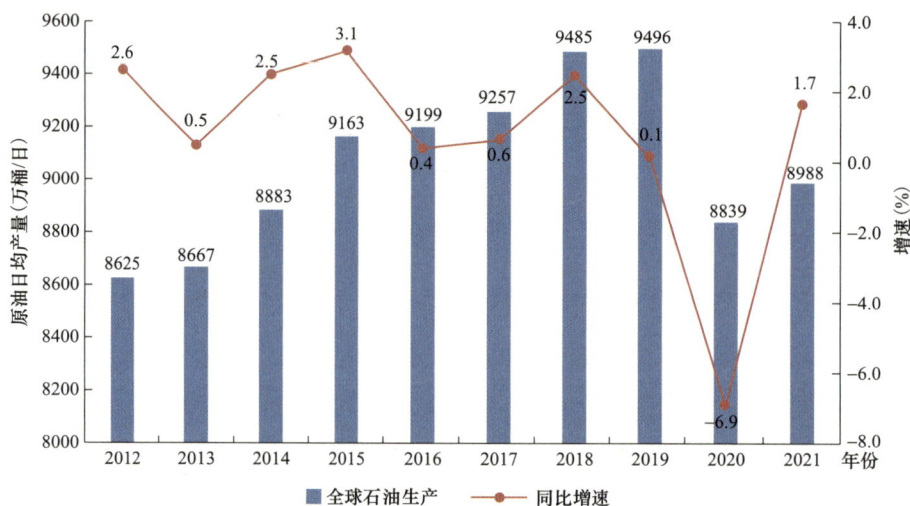

图1-17　2012—2021年全球石油日均产量及增速情况

数据来源：BP《Statistical Review of World Energy 2021》

　　分区域来看，中东地区、北美地区、独联体地区是全球石油的主要产区。2021年中东地区日均产油量2816万桶，占全球日均产油量的31.3%；北美地区2394万桶，占比26.6%；独联体地区1383万桶，占比15.4%。中东地区、北美地区、独联体地区合计占比73.3%。2021年全球石油产量占比如图1-18所示。

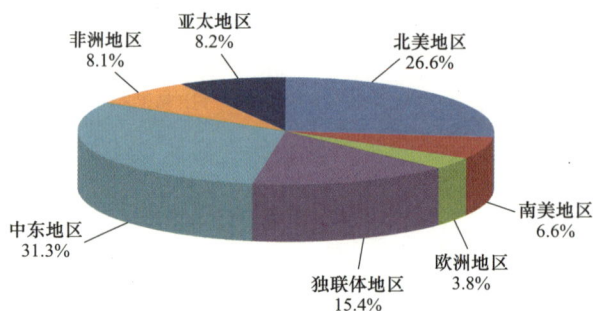

图1-18　2021年全球石油产量占比

数据来源：BP《Statistical Review of World Energy 2022》

　　分国家来看，美国石油产量占比保持领先，沙特占比持续下降，俄罗斯占比小幅回升。美国石油产量占全球比重五年来首次下降，但仍远远领先其他国家，2021 年产油量占全球比重 18.5%，同比下降 0.1 个百分点；沙特石油产量小幅下降，2021 年占比 12.2%，比上年下降 0.3 个百分点；俄罗斯石油产量占比小幅上升，2021 年占比 12.2%，比上年提升 0.1 个百分点。2012—2021 年美国、俄罗斯、沙特原油日产量占比如图 1 - 19 所示。

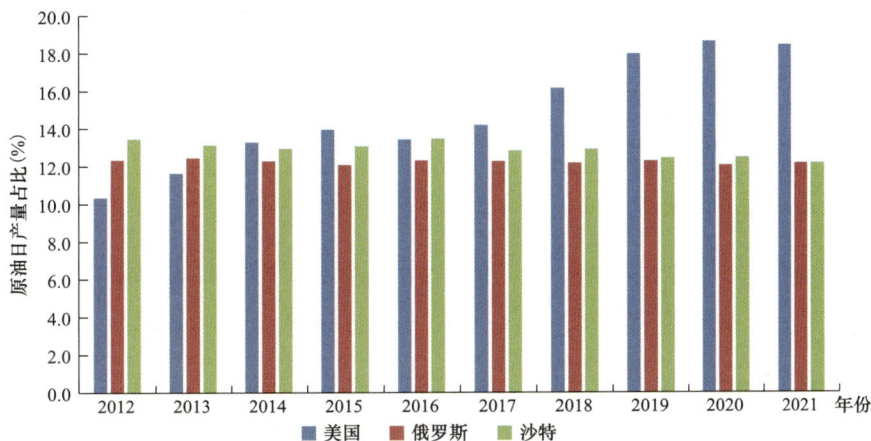

图 1 - 19　2012—2021 年美国、俄罗斯、沙特原油日产量占比

数据来源：BP《Statistical Review of World Energy 2021》

1.3.3　天然气

　　全球天然气产量回升。2021 年全球天然气产量 4.04 万亿 m^3，同比增长 4.8%，增速回弹至近十年来最高。2021 年全球天然气产量较 2012 年增加 7100 亿 m^3，年均增长率为 2.2%。2012—2021 年全球天然气产量及增速情况如图 1 - 20 所示。

　　分区域来看，北美地区天然气产量全球最高，非洲地区增速最快。2021 年，北美地区天然气产量保持全球领先地位，达 11 358 亿 m^3，同比增长 2.4%；独联体地区天然气产量 8960 亿 m^3，仅次于北美，同比增长 10.9%；中东地区天然气产量 7149 亿 m^3，位列第三，同比增长 1.0%；亚太地区天然气产量 6690 亿 m^3，排名第四，同比增长 3.8%。非洲是天然气产量增长最快的地区，增速高达 11.7%；欧洲和南美地区天然气产量负增长，分别同比减少 3.5%、1.0%。2021 年全球天然气产量占比如图 1-21 所示。

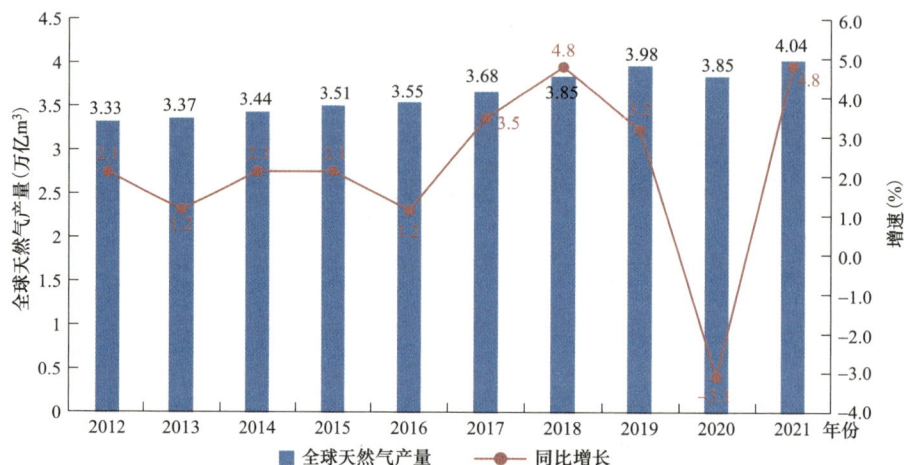

图 1-20　2012—2021 年全球天然气产量及增速情况

数据来源：BP《Statistical Review of World Energy 2022》

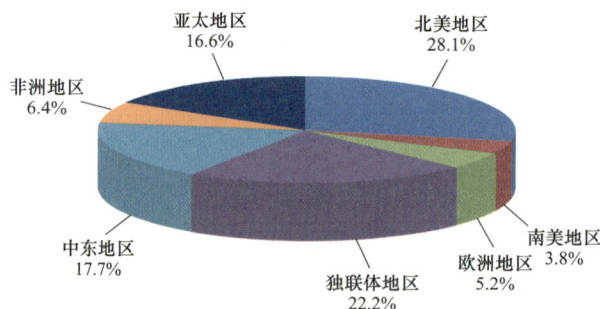

图 1-21　2021 年全球天然气产量占比

数据来源：BP《Statistical Review of World Energy 2022》

分国家来看，伊拉克天然气产量增速最快，比上年增加 23 亿 m^3，同比增长 33.9%；俄罗斯对全球天然气增产的影响最大，2021 年产量为 7017 亿 m^3，比上年增加 644 亿 m^3，同比增长 10.4%，对全球天然气产量增长的贡献率高达 36.7%。

全球天然气贸易量大增，美国 LNG 出口量高速增长。 2021 年，全球天然气贸易总量 10 219 亿 m^3，同比增长 8.5%。其中，管道天然气贸易量

5056 亿 m³，同比增长 11.6%；液化天然气（liquefied natural gas，LNG）贸易量 5162 亿 m³，同比增长 5.6%。进口方面，2021 年欧洲是主要的天然气进口地区，总进口量 3410 亿 m³，同比增长 4.6%，占全球天然气进口总量的 33.5%。出口方面，俄罗斯、美国、中东天然气出口量位列前三，分别为 2413 亿 m³、1793 亿 m³、1434 亿 m³，同比分别增长 1.3%、28.8%、6.3%。其中，美国 LNG 出口同比增长 55.4%，对全球 LNG 出口增长贡献度高达 129.2%。

1.3.4　可再生能源

全球非水可再生能源发电量保持高速增长。2021 年，全球可再生能源发电量 77 923 亿 kWh，同比增长 4.7%。其中，非水可再生能源发电量 36 868 亿 kWh，同比增长 14.4%，连续十二年保持两位数增长。中国是拉动全球可再生能源发电增长的主力，对全球可再生能源发电增长的贡献率为 58.6%。2012—2021 年全球可再生能源发电量及增速情况如图 1-22 所示。

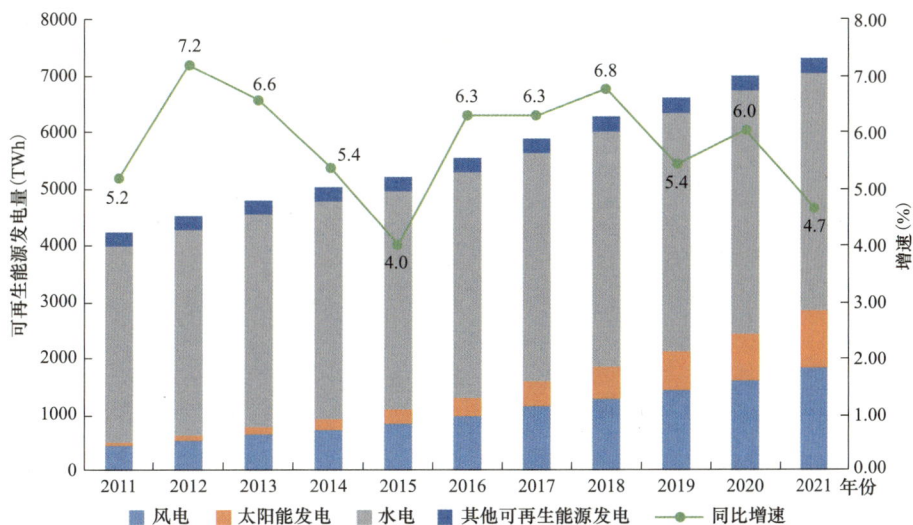

图 1-22　2012—2021 年全球可再生能源发电量及增速情况

数据来源：EMBER

风电、太阳能发电保持高速增长，是拉动可再生能源发电增长的主力。2021 年，风电和太阳能发电量保持两位数增速，分别为 14.3% 与 22.6%，合计发电量占可再生能源发电比重进一步提升至 36.4％，同比提升 3.9 个百分点。从总量看，水电仍然是发电量最大的可再生能源类别，发电量达42 061 亿 kWh，占可再生能源发电比重为 54.0％。2021 年全球可再生能源分品类发电情况见表 1-2。

表 1-2　　　　　　2021 年全球可再生能源分品类发电情况

类别	发电量 （亿 kWh）	增速 （％）	占比 （％）	对可再生能源发电增长 的贡献率（％）
风电	18 137	14.3	23.3	65.4
太阳能	10 231	22.6	13.1	54.4
水电	42 061	−2.5	54.0	−30.5
生物质发电	6457	5.9	8.3	10.3
其他	1043	1.3	1.3	0.4

数据来源：EMBER

第 2 章

我国宏观形势及能源供需概况

2.1 我国宏观形势

2.1.1 我国新冠疫情发展趋势

我国本土疫情呈现局部零星点状散发，但总体保持平稳可控。2021年我国持续坚持"动态清零"，对疫情开展常态化防控，暴发的几次局部疫情在采取迅速果断的防疫措施后，没有形成大面积的扩散与蔓延。截至2021年底，我国（含港澳）累计确诊病例13.2万例，累计死亡病例5699例。2021年我国有序推进疫苗接种工作，截至2021年底，累计完成新冠病毒疫苗接种283 533.2万剂次，完成全程接种的人数为12.1亿人。2021年我国新冠肺炎确诊及死亡病例累计值如图2-1所示，完成新冠疫苗全程接种人数如图2-2所示。

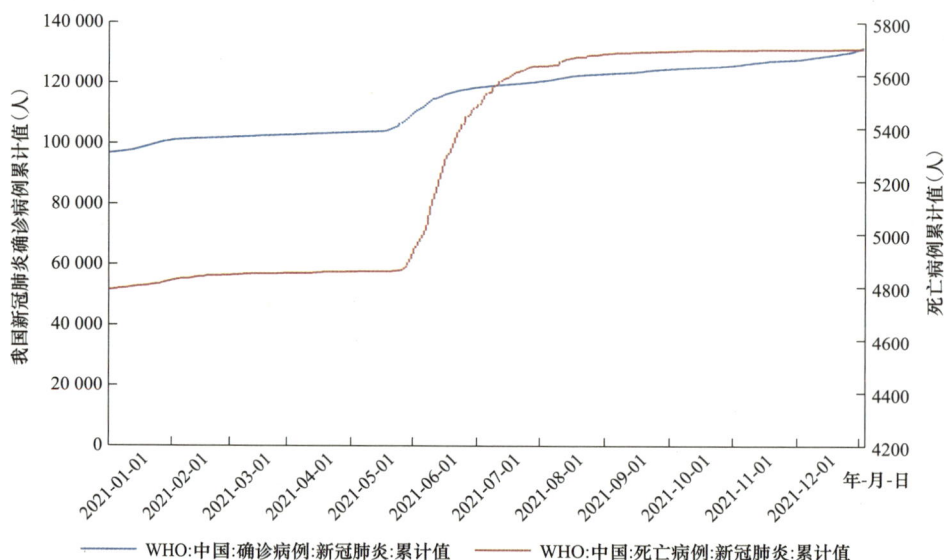

图 2-1　2021年我国新冠肺炎确诊及死亡病例累计值

数据来源：WHO

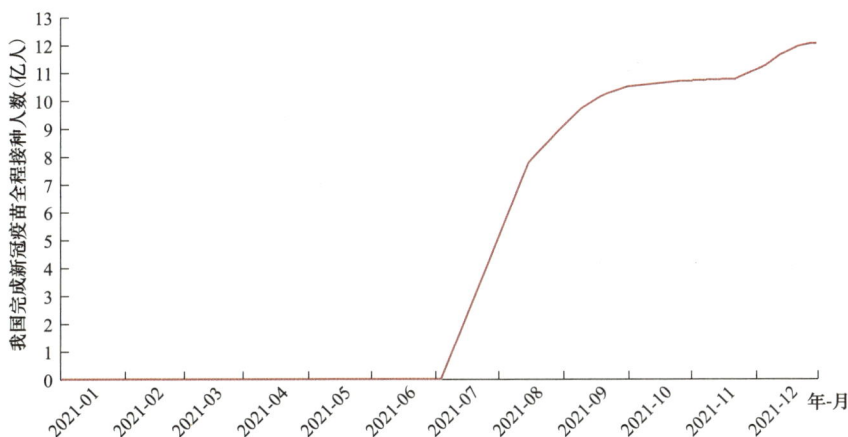

图 2-2　2021 年我国完成新冠疫苗全程接种人数

数据来源：万得资讯（WIND）

2.1.2　我国宏观经济形势

我国[1]经济强势恢复，总规模突破 110 万亿。2021 年我国疫情防控和经济社会发展取得重大成果，经济运行持续稳定恢复，全年 GDP 为 114 万亿元人民币，同比增长 8.1%，增速在世界主要经济体中稳居第一。2012—2021 年全球及主要国家和地区 GDP 增速见表 2-1。

表 2-1　2012—2021 年全球及主要国家和地区 GDP 增速（%）

年份	2012	2013	2014	2015	2016	2017	2018	2019	2020	2021
全球	3.5	3.5	3.5	3.5	3.3	3.8	3.6	2.8	−3.3	6.1
发达经济体	1.2	1.4	2.1	2.4	1.8	2.5	2.3	1.6	−4.7	5.2
新兴市场与发展中经济体	5.4	5.1	4.7	4.3	4.5	4.8	4.5	3.6	−2.2	6.8
美国	2.2	1.8	2.5	3.1	1.7	2.3	3.0	2.2	−3.5	5.7
中国	7.9	7.8	7.4	7.0	6.9	6.9	6.7	5.8	2.3	8.1
日本	1.4	2.0	0.3	1.6	0.8	1.7	0.6	0.3	−4.8	1.6
欧元区	−0.9	−0.3	1.4	2.0	1.9	2.6	1.9	1.3	−6.6	5.3

---

[1]　如无特别说明，本报告中"我国""中国"均指中国内地，不含香港特别行政区、澳门特别行政区和台湾省。

续表

年份	2012	2013	2014	2015	2016	2017	2018	2019	2020	2021
英国	1.4	2.2	2.9	2.4	1.7	1.7	1.3	1.4	−9.9	7.4
俄罗斯	4.0	1.8	0.7	−2.0	0.2	1.8	2.8	2.0	−3.1	4.7

数据来源：IMF 全球经济数据库、国家统计局

人均 GDP 保持高速增长。2021 年我国人均 GDP 达 81 000 元，同比增长 8.0%，为近十年的最高增速。按照世界银行标准，我国已稳定在中高收入国家行列。2012—2021 年我国与发达经济体和发展中经济体人均 GDP 增速如图 2-3 所示。

图 2-3　2012—2021 年我国与发达经济体和发展中经济体人均 GDP 增速

数据来源：IMF 全球经济数据库、国家统计局

经济结构持续优化，第三产业对 GDP 增长的贡献率强势回升。2021 年，我国第一产业增加值 8.3 万亿元，同比增长 7.1%，占 GDP 总量的 7.3%；第二产业增加值 45.1 万亿元，同比增长 8.2%，占比 39.4%；第三产业增加值 61.0 万亿元，同比增长 8.2%，占比 53.3%，对 GDP 增长的贡献率 54.9%，同比上升 7.6 个百分点，比第二产业贡献率高出 1.6 个百分点。2012—2021 年我国各产业增加值占比及贡献率见表 2-2。

表 2-2　　2012—2021 年我国各产业增加值占比及贡献率（%）

年份	2012	2013	2014	2015	2016	2017	2018	2019	2020	2021
第一产业占比	9.1	8.9	8.7	8.4	8.1	7.6	7.2	7.1	7.7	7.3
第一产业贡献率	5.0	4.2	4.6	4.5	4.1	4.8	4.2	8.0	9.5	6.7

续表

年份	2012	2013	2014	2015	2016	2017	2018	2019	2020	2021
第二产业占比	45.4	44.2	43.3	41.1	40.1	40.5	40.7	39.0	37.8	39.4
第二产业贡献率	50.0	48.5	47.9	42.5	38.2	35.7	36.1	29.8	43.3	38.4
第三产业占比	45.5	46.9	48.0	50.5	51.8	51.9	52.2	53.9	54.5	53.3
第三产业贡献率	45.0	47.2	47.5	53.0	57.7	59.6	59.7	62.2	47.3	54.9

数据来源：国家统计局

2021 年经济发展新动能指数同比增长 35.4%，网络经济指数增长最快，贡献率最高。我国经济发展新动能监测❶结果显示，以 2014 年为基数 100，2021 年我国经济发展动能指数为 598.8，同比增长 35.4%。各项分类指数同比均有提升，其中网络经济指数高达 1963.6，同比大幅增长 48.4%，对经济发展新动能指数增长的贡献率为 81.9%，是拉动我国经济发展新动能中的主要力量。其他指数中，经济活力指数为 393.1，同比增长 18.8%；创新驱动指数为 293.5，同比增长 20.5%；知识能力指数为 182.7，同比增长 11.6%；转型升级指数为 160.9，同比增长 7.0%。2015－2021 年经济发展新动能指数及分类指数如图 2-4 所示。

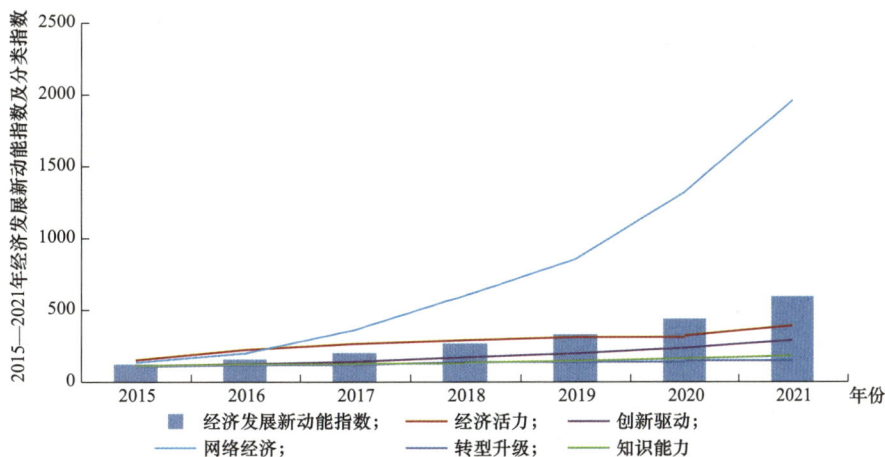

图 2-4　2015－2021 年经济发展新动能指数及分类指数

数据来源：国家统计局

❶ 为动态监测我国经济发展新动能变动情况，国家统计局统计科学研究所在《新产业新业态新商业模式统计监测制度》和经济发展新动能统计指标体系的基础上，采用定基指数方法测算了 2021 年我国经济发展新动能指数，并修订了 2015－2020 年历史指数数据。

2.2 我国能源需求

2.2.1 能源消费总量

能源消费总量保持较快增长。2021 年我国能源消费总量 52.4 亿 t 标准煤，同比增长 5.2％，由于疫情防控得当，经济生活秩序快速恢复，增速同比大幅提升 3.0 个百分点。2021 年我国能源消费占全球能源消费总量 26.5％，同比提升 0.4 个百分点，继续保持全球第一大能源消费国地位。2012－2021 年我国能源消费总量及增速情况如图 2-5 所示。

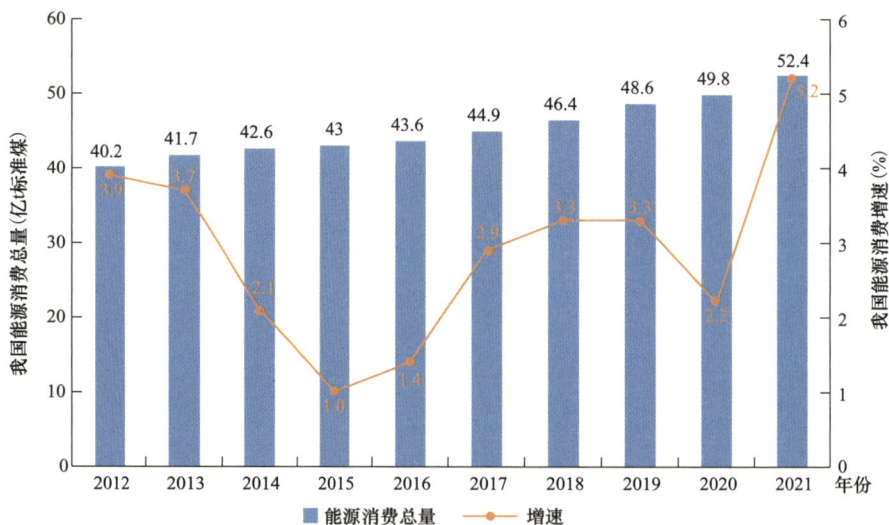

图 2-5　2012－2021 年我国能源消费总量及增速情况

数据来源：国家统计局

2.2.2 能源消费结构

清洁能源消费占比持续提升。2021 年我国煤炭消费量 29.3 亿 t 标准煤，同比增长 4.6％，占能源消费总量的 56.0％，同比下降 0.8 个百分点；石油消费量 9.7 亿 t 标准煤，同比下降 2.3％，占比 18.5％，同比下降 0.4 个百分点；天然气消费量 4.7 亿 t 标准煤，同比增长 12.5％，占比 8.9％，同比提高 0.5 个百分点；非化石能源消费量 8.7 亿 t 标准煤，占比 16.6％，同比提高 0.7 个百分点。我国清洁能源消费量占能源消费总量的 25.5％，同比提升 1.2 个百分点。2012—2021 年我国能源消费结构如图 2-6 所示。

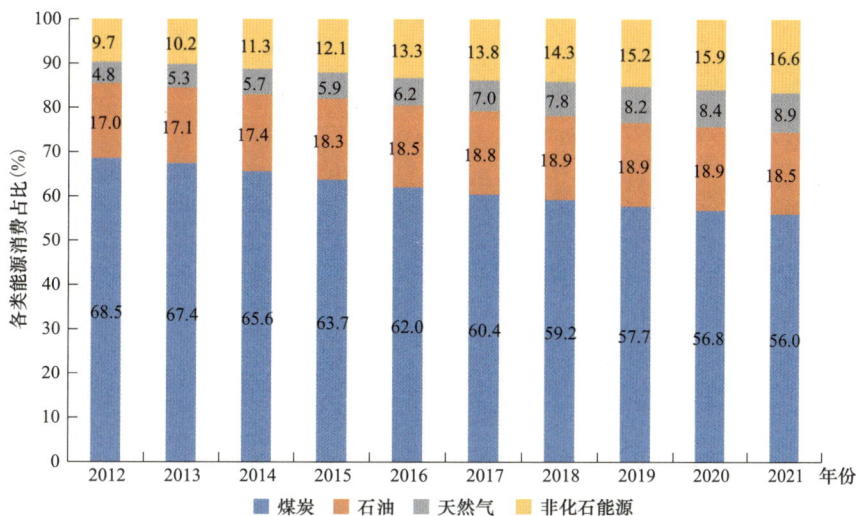

图 2-6　2012—2021 年我国能源消费结构

数据来源：国家统计局

2.3　我国能源供应

2.3.1　能源生产总量

能源生产增速加快。2021 年我国一次能源生产总量 43.3 亿 t 标准煤，同比增长 6.2％，增速同比提高 3.4 个百分点。2012—2021 年我国一次能源生产总量及增速情况如图 2-7 所示。

2.3.2　能源生产结构

非化石能源产量占比稳步提升。2021 年我国非化石能源产量占一次能

源生产总量的 20.3%，比上年提升 0.7 个百分点。煤炭占比 67.0%，比
上年下降 0.6 个百分点；石油占比 6.6%，比上年下降 0.2 个百分点；天
然气占比持续提高至 6.1%，比上年提高 0.1 个百分点。2012—2021 年
我国各类能源产量如图 2-8 所示，2012—2021 年我国能源生产结构见
表 2-3。

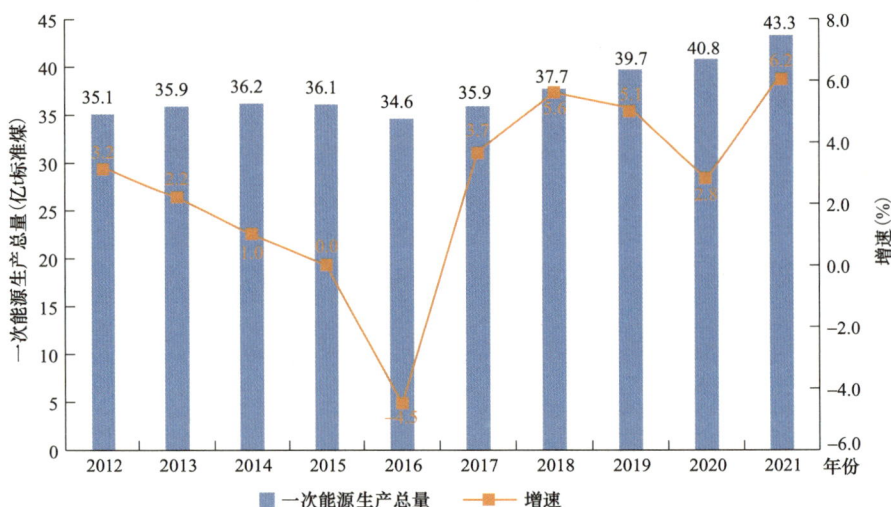

图 2-7　2012—2021 年我国一次能源生产总量及增速情况

数据来源：国家统计局

图 2-8　2012—2021 年我国各类能源产量

数据来源：国家统计局

表 2 - 3　　　　　　　2012—2021 年我国能源生产结构（%）

年份	2012	2013	2014	2015	2016	2017	2018	2019	2020	2021
煤炭	76.2	75.4	73.6	72.2	69.6	69.7	69.2	68.5	67.6	67.0
石油	8.5	8.4	8.4	8.5	8.2	7.6	7.2	6.9	6.8	6.6
天然气	4.1	4.4	4.7	4.8	5.3	5.4	5.6	5.6	6.0	6.1
非化石能源	11.2	11.8	13.3	14.5	16.9	17.4	18.0	19.0	19.6	20.3

数据来源：国家统计局

2.4　我国能源供需总体情况及展望

2.4.1　我国能源供需平衡情况

能源自给率持续回升，进口量仍在增长。2021 年，我国一次能源产量同比增长 6.2%，增速超过能源消费增速 1.0 个百分点，能源自给率达82.6%，同比提升 0.7 个百分点。"十三五"以来，我国能源生产明显加快，自 2017 年起能源生产增速超过能源消费增速，能源自给率逐年回升，但与前期高点仍存不小差距，能源进口总量继续增长。2012—2021 年我国能源生产/消费总量及增速情况如图 2-9 所示，2012—2021 年我国能源自给率如图 2-10 所示。

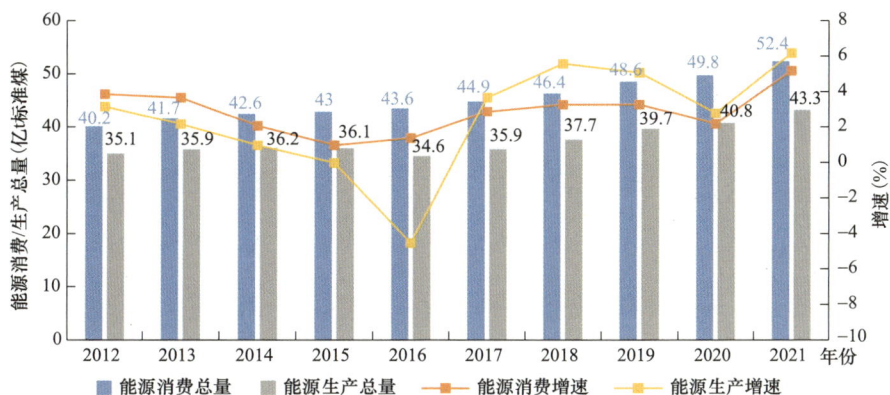

图 2-9　2012—2021 年我国能源生产/消费总量及增速情况

数据来源：国家统计局

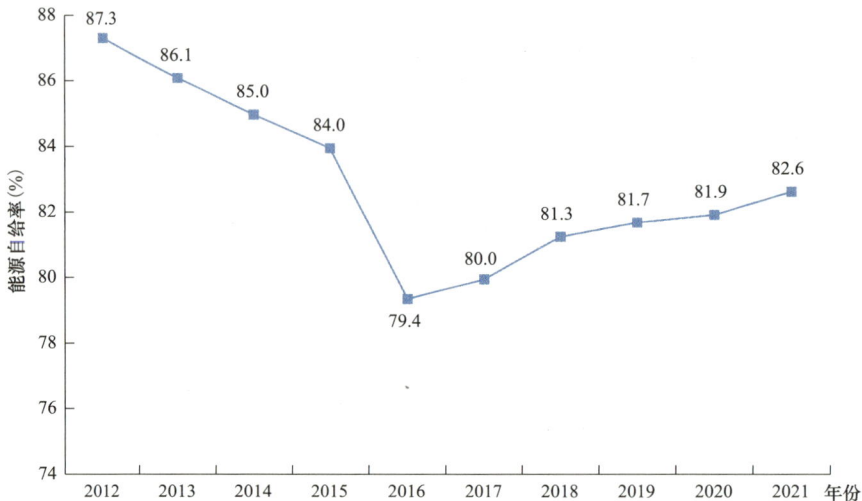

图 2 - 10   2012—2021 年我国能源自给率

数据来源：根据国家统计局数据折算

2.4.2   "十四五"能源发展目标[1]

"十三五"时期，我国能源结构持续优化，低碳转型成效显著，到 2020 年，非化石能源消费比重达到 15.9%，煤炭消费比重下降至 56.8%，常规水电、风电、太阳能发电、核电装机容量分别达到 3.4 亿、2.8 亿、2.5 亿、0.5 亿 kW，非化石能源发电装机容量稳居世界第一，电能占终端能源消费比重达 26.5%[2]。"十四五"时期是我国实现"碳达峰、碳中和"的重要窗口期，能源生产消费方式绿色低碳变革深入推进，清洁低碳、安全高效的能源体系将加快建成。现代能源体系"十四五"规划主要发展目标见表 2-4。

能源自主供给能力进一步增强。到 2025 年，国内能源年综合生产能力达到 46 亿 t 标准煤以上，原油年产量稳定在 2 亿 t 水平，天然气年产量达到 2300 亿 m³ 以上，发电装机总容量达到约 30 亿 kW（其中，常规水电装机容量达到 3.8 亿 kW 左右，核电运行装机容量达到 7000 万 kW）。

---

[1]   本节数据来源于国家发改委和国家能源局联合印发的《"十四五"现代能源体系规划》。

[2]   数据来源：中国电力企业联合会《中国电气化发展报告 2021》。

表 2 - 4　　　　　　现代能源体系"十四五"规划主要发展目标

类别	指标名称	单位	现状及目标	
			2020 年	2025 年
能源供应保障	一次能源生产	亿 t 标准煤	40.8	46
	原油产量	亿 t	1.95	2
	天然气产量	亿 m³	1925	2300
	电力装机总量	亿 kW	22	30
能源低碳转型	非化石能源发电比重	%	32.1	39
	非化石能源消费比重	%	15.9	20
	电能占终端能源比重	%	—	30
	单位国内生产总值二氧化碳排放降低	%	—	18
能源系统效率	单位 GDP 能耗降低	%	—	13.5
	灵活调节电源比重	%	—	24
	电力需求侧响应能力占最大用电负荷比重	%	—	3~5

能源低碳转型成效显著。到 2025 年，单位 GDP 二氧化碳排放比 2020 年降低 18%，非化石能源消费比重提高到 20%左右，非化石能源发电量比重达到 39%左右，电能占终端用能比重达到 30%左右。

能源系统效率大幅提高。到 2025 年，单位 GDP 能耗五年累计下降 13.5%，灵活调节电源占比达到 24%左右（其中，煤电机组灵活性改造规模累计超过 2 亿 kW，抽水蓄能装机容量达到 6200 万 kW 以上、在建装机容量达到 6000 万 kW），电力需求侧响应能力达到最大用电负荷的 3%~5%（其中华东、华中、南方等地区达到最大负荷的 5%左右）。

2.5　我国能源关键指标分析

2.5.1　单位产值能耗

单位产值能耗小幅下降。2021 年我国单位产值能耗 0.61t 标准煤/万元

29

（2010年可比价），同比小幅下降1.7%。2011－2018年我国单位产值能耗快速降低，2019年以来降幅趋缓。2012－2021年我国单位产值能耗（2010年可比价）如图2-11所示。

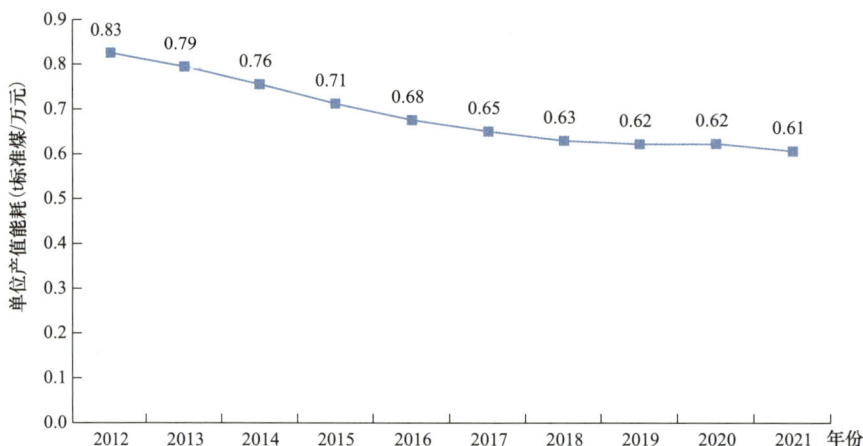

图2-11　2012－2021年我国单位产值能耗（2010年可比价）

数据来源：根据国家统计局数据折算

我国与主要发达国家的单位产值能耗差距整体呈缩小趋势。2021年，美国单位产值能耗是我国的45.5%，比2012年提升5.2个百分点；日本单位产值能耗是我国的23.2%，比2012年提升17.3个百分点；英国单位产值能耗是我国的22.9%，比2012年提升2.4个百分点；德国单位产值能耗是我国的27.9%，比2012年提升5.8个百分点。[1]

2.5.2　单位产值电耗

单位产值电耗持续提升。2021年我国单位产值电耗963.3kWh/万元（2010年可比价），同比提升2.4%。其中，第一产业单位产值电耗162kWh/万元，同比增长16.2%；第二产业1651kWh/万元，同比下降2.7%；第三产业309kWh/万元，同比增长11.4%。2012－2021年我国单位产值电耗（2010年可比价）如图2-12所示。

---

[1]　本段数据根据BP《Statistical Review of World Energy 2022》和世界银行公布的数据折算得到。

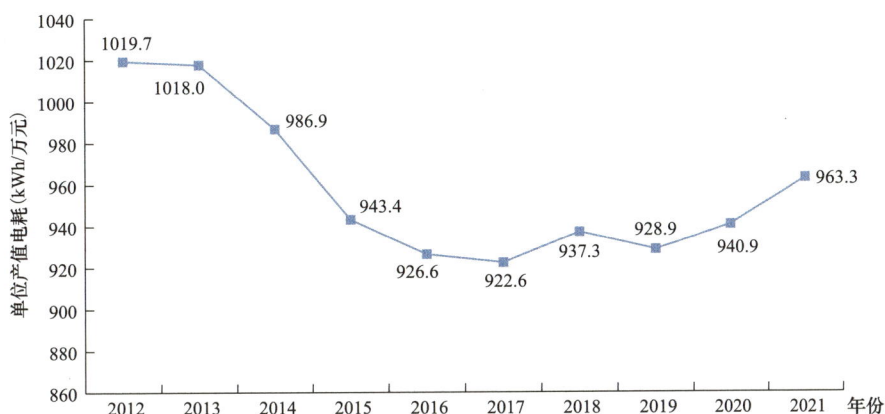

图 2-12　2012—2021 年我国单位产值电耗（2010 年可比价）

数据来源：根据国家统计局数据折算

2.5.3　能源消费弹性系数

能源消费弹性系数大幅回落。2021 年，随着疫情得到有效控制，我国经济增速稳定恢复，能源消费弹性系数大幅回落。2021 年我国能源消费弹性系数为 0.64。2012—2021 年能源消费弹性系数如图 2-13 所示。

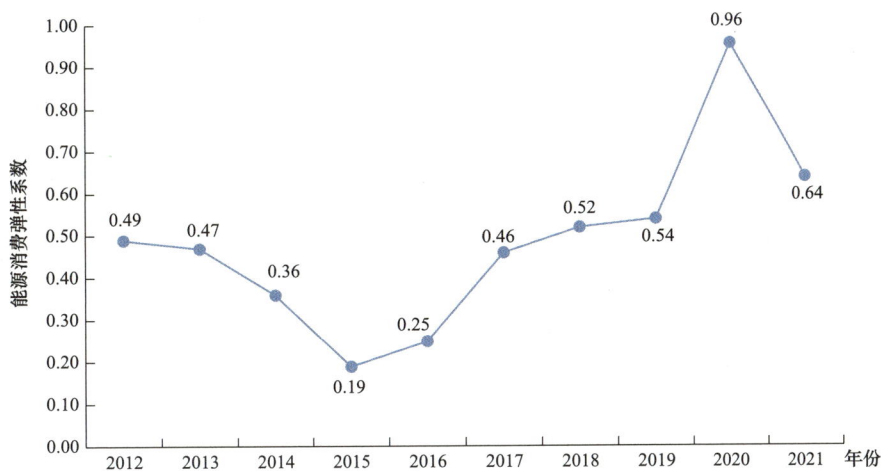

图 2-13　2012—2021 年能源消费弹性系数

2.5.4　对外依存度

原油对外依存度小幅回落，天然气对外依存度达到新高。2021 年，我国原油对外依存度 72.1%，同比回落 1.5 个百分点；天然气对外依存度 45.3%，同比上升 3.1 个百分点，成为近十年最高点。2012—2021 年我国原油、天然气对外依存度如图 2-14 所示。

图 2-14　2012—2021 年我国原油、天然气对外依存度

数据来源：海关总署、国家能源局

第 3 章

我国分品类能源供需概况

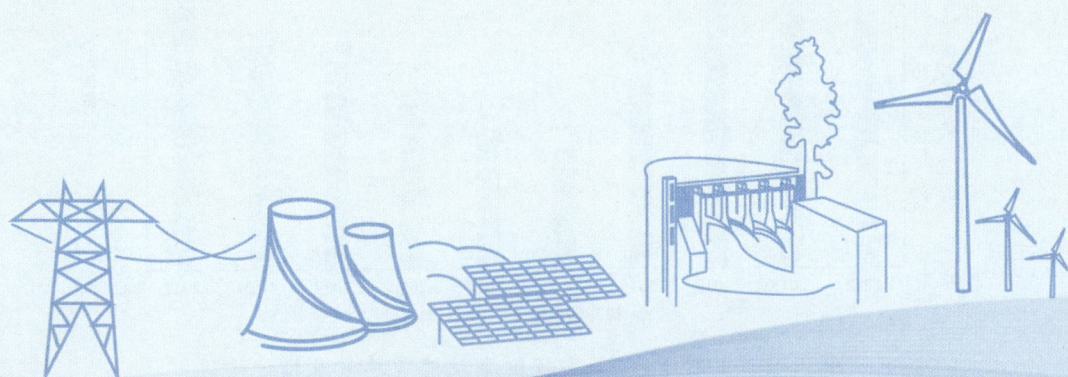

3.1 煤炭

3.1.1 煤炭需求

煤炭消费量连续第五年增长。2021年我国煤炭消费实物量为42.3亿t，折合29.3亿t标准煤，同比增长4.6%，占能源消费总量的56.0%。2012—2021年我国煤炭消费总量及增速情况如图3-1所示。

图3-1　2012—2021年我国煤炭消费总量及增速情况

数据来源：国家统计局

煤炭消费主要集中在华北和华东地区[1]。2020年煤炭消费量排名前六的省份分别是山西、内蒙古、山东、河北、新疆和江苏，占全国煤炭总消费量47.8%。分区域[2]看，华北地区煤炭消费量占比进一步提升，达32.3%；华

---

[1] 本章中煤炭、原油、天然气分地区消费数据来源于《中国能源统计年鉴（2021）》中的地区能源平衡表。由于平衡表中数据只更新到2020年，因此报告中煤炭、原油、天然气分地区消费情况均采用2020年数据。

[2] 本报告中的华北地区包括北京市、天津市、河北省、山西省、内蒙古自治区，东北地区包括辽宁省、吉林省、黑龙江省，华东地区包括上海市、江苏省、浙江省、安徽省、福建省、江西省、山东省，华中地区包括河南省、湖北省、湖南省，华南地区包括广东省、广西壮族自治区、海南省，西南地区包括四川省、贵州省、云南省、重庆市、西藏自治区，西北地区包括甘肃省、陕西省、青海省、宁夏回族自治区、新疆维吾尔自治区，港澳台地区除外。

东地区继续保持第二位，消费占比 27.0%；西北地区煤炭消费占比 16.9%，居全国第三位。2020 年我国各省份煤炭消费量及占比（前十位）见表 3-1，分区域煤炭消费占比如图 3-2 所示。

表 3-1　　2020 年我国各省份煤炭消费量及占比（前十位）

排序	省（市）	消费量（百万 t）	占比（%）
1	山西	527	11.4
2	内蒙古	518	11.2
3	山东	388	8.4
4	河北	282	6.1
5	新疆	257	5.6
6	江苏	241	5.2
7	陕西	226	4.9
8	河南	199	4.3
9	辽宁	191	4.1
10	安徽	169	3.6

数据来源：《中国能源统计年鉴（2021）》

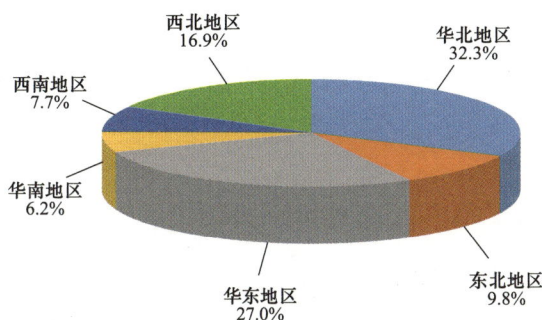

图 3-2　2020 年我国分区域煤炭消费占比

数据来源：《中国能源统计年鉴（2021）》

电力、钢铁、建材和化工行业耗煤量保持增长❶。2021 年电力、钢铁、建材和化工等行业煤炭消费均实现正增长，其中，电力行业煤炭消费量同比增长 0.8%，钢铁行业 3.3%，建材行业 0.2%，化工行业 1.3%，其他行业同比下降 4.6%。

---

❶　本段数据来源于《中国能源大数据报告（2021）》。

35

3.1.2 煤炭供应

煤炭产量连续五年增长，增速有所回升。2021 年我国持续推进煤炭增优减劣，优质先进产能稳中有升，原煤产量 41.3 亿 t，同比增长 5.7%，增速同比提升 4.3 个百分点。煤炭开采和洗选业产能利用率为 69.8%，比上年降低 0.8 个百分点。2012－2021 年我国原煤总产量及增速情况如图 3-3 所示。

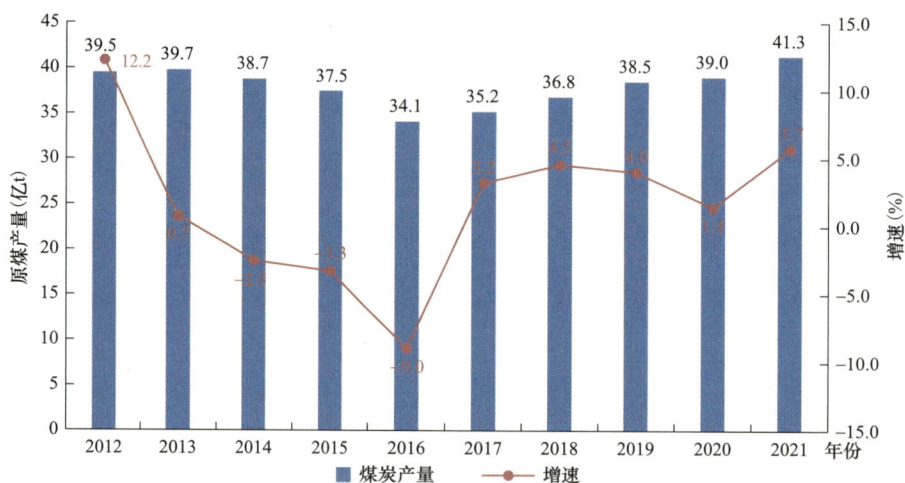

图 3-3　2012－2021 年我国原煤总产量及增速情况

数据来源：国家统计局

资源富集地区的煤炭产能优势进一步体现，华北地区煤炭产能居全国首位。分省看，2021 年山西省原煤产量最多，达 1193 百万 t，占全国原煤总产量的 29.3%；其次为内蒙古自治区，产量达 1039 百万 t，占比 25.5%；陕西省位列第三，产量达 700 百万 t，占比 17.2%。分区域看，华北地区煤炭产量最高，占比 54.9%；其次是西北地区，占比 26.4%。2021 年我国各省份原煤产量及占比（前十位）见表 3-2，2021 年我国分区域煤炭产量占比如图 3-4 所示。

表 3-2　　　　2021 年我国各省份原煤产量及占比（前十位）

排序	省（市）	产量（百万 t）	占比（%）
1	山西省	1193	29.3

续表

排序	省（市）	产量（百万 t）	占比（%）
2	内蒙古自治区	1039	25.5
3	陕西省	700	17.2
4	新疆维吾尔自治区	320	7.9
5	贵州省	131	3.2
6	安徽省	113	2.8
7	河南省	93	2.3
8	山东省	93	2.3
9	宁夏回族自治区	86	2.1
10	黑龙江省	60	1.5

数据来源：国家统计局

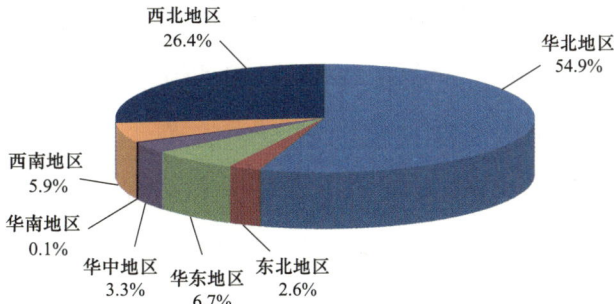

图 3-4　2021 年我国分区域煤炭产量占比

数据来源：国家统计局

3.1.3　煤炭供需影响因素

（1）煤炭价格。2021 年，我国煤炭价格波动上行后快速回落。 2021 年煤炭价格整体远高于上年同期，动力煤中长期合同（5500 大卡下水煤）全年平均价格 648 元/t，同比上涨 105 元/t。从环渤海动力煤价格走势来看，自 5 月后，煤价进入上升通道，10 月最高达到 848 元/t，创近十年来最高；10 月下旬，随着保供限价政策力度加强，煤炭价格逐渐回落，至 2021 年底降至 737 元/t，高于上年同期 152 元/t。2021 年环渤海动力煤（5500 大卡）价格情况如图 3-5 所示。

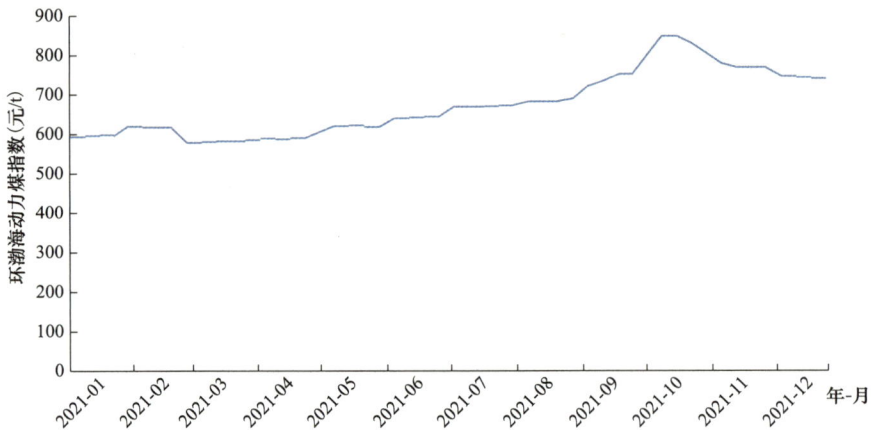

图 3-5 2021 年环渤海动力煤（5500 大卡）价格情况

数据来源：万得资讯（WIND）

（2）煤炭供给侧改革[1]。煤炭生产结构持续优化升级，产能进一步提升。2021 年底，全国煤矿数量由 2020 年的 4700 处减少到 4500 处，年产 120 万 t 以上的大型煤矿产量占全国的 85% 左右。其中，建成年产千万吨级煤矿 72 处、产能 11.2 亿 t/年，在建千万吨级煤矿 24 处、涉及产能 3.0 亿 t 左右。截至 2021 年底，全国 30 万 t/年以下小型煤矿产能占全国的比重下降至 2%。2021 年，全国批复核增产能煤矿 200 处左右，核增煤炭产能 3 亿 t/年左右。

（3）能源"双控"政策约束[2]。煤炭清洁高效利用取得新进展。"碳达峰、碳中和"目标约束下，要大力推进煤炭消费总量控制，持续推进煤电机组节能降耗改造。截至 2021 年底，火电平均供电煤耗降至 302.5g 标准煤/kWh，比 2012 年下降了 6.9%。现代煤化工向高端化、多元化、低碳化方向发展，2021 年我国煤制油、煤（甲醇）制烯烃、煤制气、煤（合成气）制乙二醇产能分别达到 931 万 t/年、1672 万 t/年、61.3 亿 m³/年、635 万 t/年。我国散煤综合治理和煤炭减量替代取得显著成效，截至 2021 年已完成超 2700 万户的散煤治理，替代散煤逾 6000 万 t。

---

[1] 本小节数据来源于中国煤炭工业协会《2021 年煤炭行业发展年度报告》。

[2] 本小节数据来源于《中国能源大数据报告（2022）》。

3.1.4　煤炭供需平衡情况

煤炭供需偏紧。2021 年我国煤炭生产继续加快，产量和消费量的缺口为 1.0 亿 t，同比缩小 0.4 亿 t。受国际价格传导、国内生产合法合规化加强、需求强劲等多重因素影响，煤炭供需持续偏紧。10 月份保供政策落地实施后，我国煤炭供应水平不断提升，12 月生产原煤 3.8 亿 t，创单月产量新高，煤炭供需偏紧形势逐渐缓解。2012—2021 年我国煤炭生产/消费量情况如图 3-6 所示。

图 3-6　2012—2021 年我国煤炭生产/消费量情况

数据来源：国家统计局

煤炭进口连续六年保持增长，俄罗斯跃升至我国第二大进口来源国。2021 年，我国进口煤炭 32 322 万 t，同比增长 6.6%，增速同比提升 5.3 个百分点；出口煤炭 260 万 t，同比下降 18.5%。从进口国来看，2021 年我国进口煤炭主要来源于印度尼西亚 19 539 万 t，占我国进口总量 60.4%；俄罗斯联邦跃升至我国煤炭第二大进口来源国，进口量高达 5675 万 t，同比提升 868 万 t；澳大利亚从去年的第二进口来源国降至第四，进口量 1171 万 t，同比大幅减少 3065 万 t。2021 年我国进口煤炭来源分布如图 3-7 所示，2012—2021 年我国煤炭进口量及增速情况如图 3-8 所示。

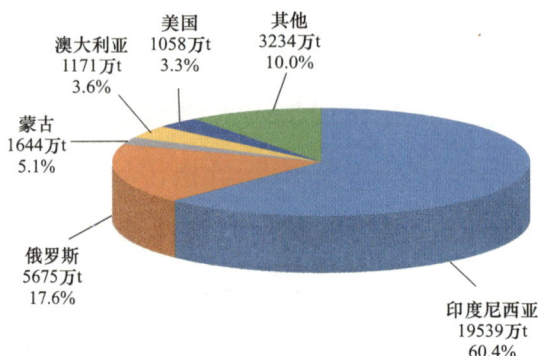

图 3-7　2021 年我国进口煤炭来源分布

数据来源：海关总署

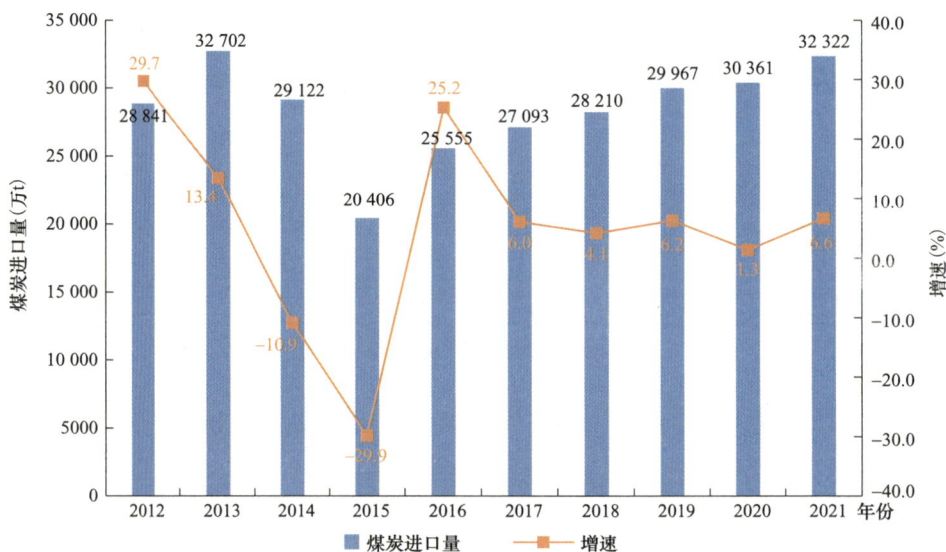

图 3-8　2012—2021 年我国煤炭进口量及增速情况

数据来源：国家统计局、海关总署

　　煤炭主要进口地区中，华东、华南地区进口量大幅增长，华北地区进口量同比下降。2021 年华东地区进口 1.34 亿 t，同比增长 12.8%，占进口总量的 41.5%；其次为华南地区，进口 0.76 亿 t，同比增长 32.4%，占进口总量 23.5%；华北地区进口量位居第三，进口 0.67 亿 t，同比下降 18.7%，占进口总量 20.8%。2021 年我国各区域煤炭进口量见表 3-3。

表 3-3   **2021 年我国各区域煤炭进口量**

序号	地区	进口量（亿 t）	占比（%）	同比（%）
1	华东地区	1.34	41.5	12.8
2	华南地区	0.76	23.5	32.4
3	华北地区	0.67	20.8	−18.7
4	东北地区	0.18	5.7	−3.3
5	西南地区	0.11	3.3	136.5
6	西北地区	0.10	3.2	19.2
7	华中地区	0.06	1.9	−48.1

数据来源：海关总署

3.2 石油

3.2.1 石油需求

石油消费量负增长。2021 年我国石油消费量 7.15 亿 t，同比下降 2.3%，增速同比下降 8.3 个百分点。2012—2021 年我国石油消费量及增速情况如图 3-9 所示。

图 3-9   2012—2021 年我国石油消费量及增速情况

数据来源：国家统计局、行业统计数据

原油消费主要集中于东部地区。山东和辽宁面向良港，炼化产业较多，原油加工量大，油品消费需求旺盛。2020年山东原油消费量147百万t，同比下降2.6%，占全国原油消费的21.7%；辽宁原油消费量102.9百万t，同比增长40.1%，占比15.2%。由于广东、江苏、浙江、上海人口较多，经济发达，原油消费量较大，合计占比26.3%。分区域看，华东地区消费量3.0亿t，占比42.5%，远高于其他地区。2020年我国分省份原油消费量（前十位）见表3-4，2020年我国分区域原油消费占比如图3-10所示。

表3-4　　　　　　2020年我国分省份原油消费量（前十位）

排序	省（市）	消费量（百万t）	占比（%）
1	山东	147.1	21.7
2	辽宁	102.9	15.2
3	广东	62.5	9.2
4	浙江	50.8	7.5
5	江苏	40.2	5.9
6	福建	25.3	3.7
7	上海	25.0	3.7
8	福建	24.7	3.6
9	河北	20.9	3.1
10	陕西	18.4	2.7

数据来源：国家统计局、《中国能源统计年鉴》及各省统计年鉴

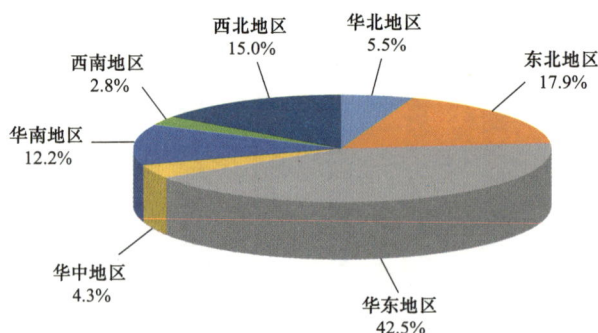

图3-10　2020年我国分区域原油消费占比

数据来源：国家统计局、《中国能源统计年鉴》及各省统计年鉴

成品油消费恢复正增长。2021年，社会生产生活有序恢复，成品油表观消费量3.4亿t，为2012年以来最高，同比增长3.2%，增速同比大幅提升

9.8 个百分点。2012－2021 年我国成品油表观消费量及增速情况如图 3-11 所示。

图 3-11　2012－2021 年我国成品油表观消费量及增速情况

数据来源：国家统计局、发改委

汽油、柴油需求基本恢复至疫情前水平。 2021 年我国汽油表观消费量 1.40 亿 t，同比增长 20.7%，增速同比提升 27.8 个百分点；柴油表观消费量 1.47 亿 t，同比增长 4.3%，增速同比提升 8.2 个百分点。2012－2021 年我国汽油和柴油消费量如图 3-12 所示。

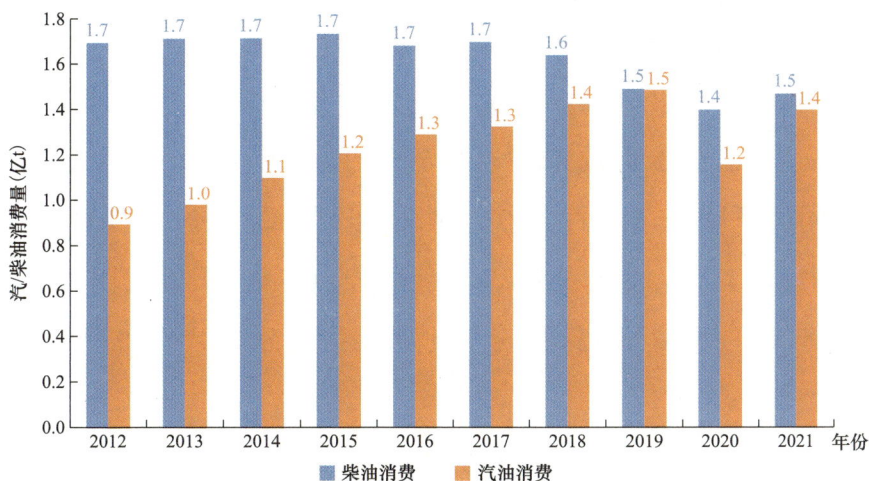

图 3-12　2012－2021 年我国汽油和柴油消费量

数据来源：国家统计局、行业统计数据

3.2.2 石油供应

原油产量持续增长。在"增储上产"政策刺激下，2021 年我国原油产量 1.99 亿 t，同比增长 2.1%，增速同比提升 0.5 个百分点。2012－2021 年我国原油产量和增速情况如图 3-13 所示。

图 3-13   2012－2021 年我国原油产量和增速情况

数据来源：国家统计局

西北地区原油产量占全国比重进一步提升。2020 年西北地区原油产量 68.1 百万 t，居全国第一位，占全国原油产量的 35.3%，同比提升 0.8 个百分点；东北地区原油产量 44.5 百万 t，仅次于西北地区，占比 23.1%，同比下降 0.7 个百分点；华北地区原油产量 38.0 百万 t，居第三位，占比 19.7%，同比提升 0.5 个百分点。2020 年我国各省份原油产量及占比（前十位）见表 3-5，2020 年我国分区域原油产量占比如图 3-14 所示。

表 3-5   **2020 年我国各省份原油产量及占比（前十位）**

排序	省（市）	产量（百万 t）	占比（%）
1	天津	32.4	16.6

续表

排序	省（市）	产量（百万 t）	占比（%）
2	黑龙江	30.0	15.4
3	新疆	29.1	15.0
4	陕西	26.9	13.8
5	山东	22.2	11.4
6	广东	16.1	8.3
7	辽宁	10.5	5.4
8	河北	5.4	2.8
9	吉林	4.0	2.1
10	河南	2.4	1.2

数据来源：国家统计局

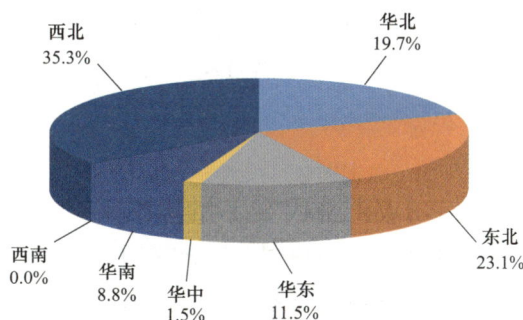

图 3-14　2020 年我国分区域原油产量占比

数据来源：国家统计局

国内炼化能力进一步增强，成品油供给量增长。2021 年，我国成品油产量 3.57 亿 t，同比增长 7.9%。分品种看，汽油产量 1.55 亿 t，同比增长 17.4%；柴油产量为 1.63 亿 t，同比增长 2.7%；煤油产量 0.39 亿 t，同比下降 2.6%。2012—2021 年我国汽油、柴油、煤油产量如图 3-17 所示。

成品油产地多元化格局进一步巩固。2020 年，产量排名第一位的山东共生产成品油 51.3 百万 t，同比下降 10.4%；占全国成品油产量的 14.3%，同比下降 0.7 个百分点。排名前五位的省份中，辽宁、广东稳居第二、第三位，浙江由上年的第九位跃升至第四位，江苏排名由第四位降至第五位。排名前五位省份成品油生产能力占我国成品油总生产能力的 45.8%，同比下降 0.2 个百分点。2020 年我国各省份成品油产量（前十位）见表 3-6。

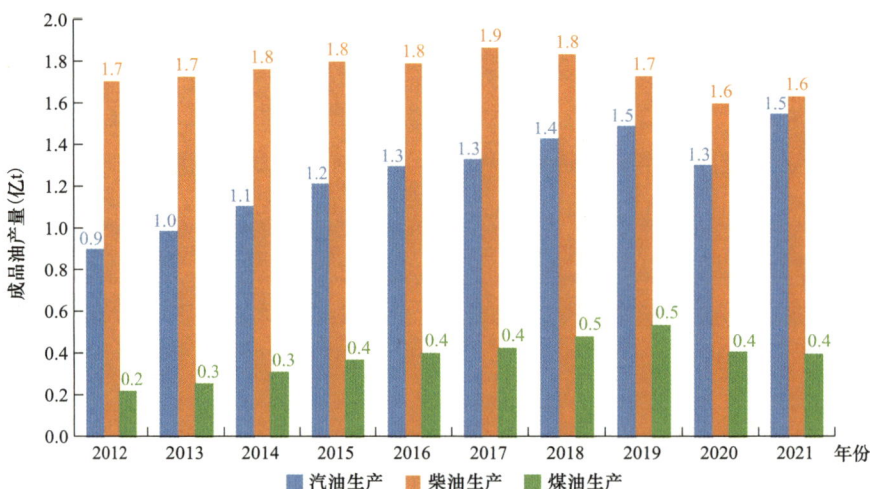

图 3-15　2012—2021 年我国汽油、柴油、煤油产量

数据来源：国家统计局

表 3-6　　　　　　　2020 年我国各省份成品油产量（前十位）　　　单位：百万 t

排序	省（市）	汽柴煤总量	汽油	柴油	煤油
1	山东	51.3	20.4	29.0	1.9
2	辽宁	44.0	17.7	22.2	4.1
3	广东	34.7	12.1	15.9	6.7
4	浙江	16.9	4.4	7.2	5.2
5	江苏	16.9	7.2	6.7	3.0
6	上海	14.7	5.5	6.9	2.3
7	陕西	14.2	6.5	6.9	0.7
8	新疆	13.1	3.7	8.7	0.7
9	福建	11.0	3.2	3.9	3.9
10	甘肃	10.8	4.5	5.4	0.9

数据来源：国家统计局

3.2.3　石油供需影响因素❶

（1）国际政治经济局势。**国际形势错综复杂，助推油价持续走高**。2021年新冠疫情在部分国家和地区得到有效控制，经济活动有序恢复。但大国博弈愈演愈烈和重大地缘政治冲突影响持续发酵，国际环境更加错综复杂严峻，不稳定性、不确定性陡升成为年度重要特点。复杂的国际政治经济局势助推石油价格走高，2021年布伦特原油均价大幅涨至70.95美元/桶，涨幅64.18%。

（2）国际石油供应格局。**国际石油供应回升，油气勘探开发投资无明显好转**。随着全球石油市场迎来复苏，2021年世界石油供应量为8988万桶/日，同比回升138万桶/日，尚未恢复至疫情前水平。其中，OPEC石油产量同比提升91万桶/日，非OPEC石油产量同比提升47万桶/日。此外，由于油气资源发现难度加大，市场对未来油气行业的发展信心尚未完全恢复，加之国际大石油公司在积极部署和推动低碳转型发展，油气勘探投资意愿无明显好转。

（3）国际石油价格。**国际油价在震荡中攀升并于年底回落**。2021年初，沙特石油设施遇袭等事件助推油价走高。3月中旬至4月中旬受疫情反复影响，国际油价在出现明显回调，此后一路波动上行。7、8月油价两度下探分别源于"OPEC+"协议波折、德尔塔变异病毒致疫情加剧，又因供不应求而回升。9月，受美国飓风重创墨西哥湾油气生产、美元走弱、全球通胀加剧等因素影响，油价持续震荡上升。10月，受供需缺口较大、全球能源价格高启以及拉尼娜现象预期等因素的影响，布伦特原油价格突破80美元/桶。11月底，奥密克戎病毒引发市场恐慌，国际油价大幅跳水。年底随着恐慌情绪缓解，由于仍存在供应缺口，国际油价逐步回升；疫情发展叠加对通胀的担忧和对加息的预期，布伦特原油价格在71～77美元/桶的区间内震

---

❶ 本节数据除特殊标注外，均来源于刘朝全、姜学峰等主编的《2020年国内外油气行业发展报告》，以及刘晓慧、夏鹏等编写的《2020年全球石油市场形势及未来走势分析》。

荡。2021 年国际原油现货价格如图 3-16 所示。

图 3-16　2021 年国际原油现货价格

数据来源：万得资讯（WIND）

（4）行业发展❶。乘用车销量结束连续三年的下滑态势，新能源汽车销量大幅增长。2017 年以来由于补贴政策不断退坡，新能源汽车销量增速明显放缓，2019 年首次出现了负增长。2021 年，得益于产业政策持续发力、产业链条不断完善、技术研发持续突破、新生力量不断加入等因素，我国新能源汽车产业在"双碳"目标的引领下，正迎来高质量发展的新机遇，销量同比增长 169%，对燃油车的替代力进一步提升，传统燃油车销量同比下降 6%。在新能源汽车的拉动下，2021 年我国乘用车销量同比增长 4.4%。

3.2.4　石油供需平衡情况

原油生产与消费缺口进一步扩大。2021 年我国原油消费量 7.2 亿 t，同比增长 4.1%，原油生产量 2.0 亿 t，同比增长 2.1%，原油生产与消费缺口进一步扩大。2012—2021 年我国原油生产/消费量及对外依存度如图 3-17所示。

---

❶　数据来源于乘用车市场信息联席会发布的公开数据。

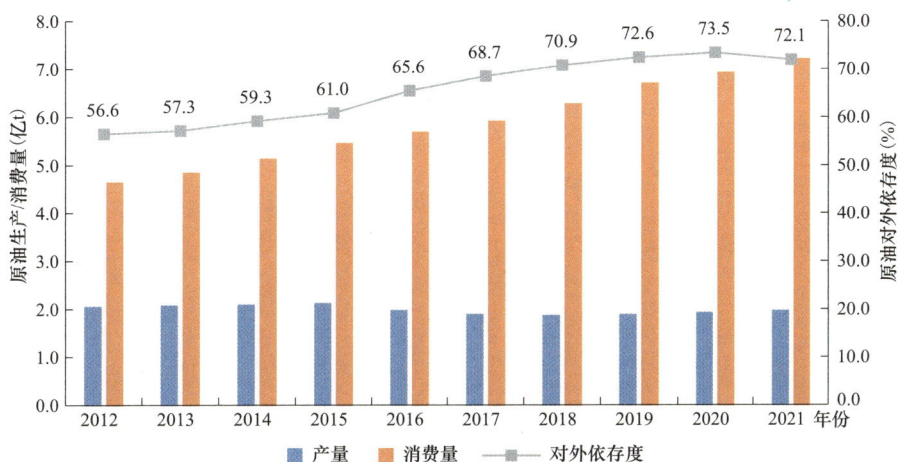

图 3-17　2012—2021 年我国原油生产/消费量及对外依存度

数据来源：国家统计局

汽油供需恢复至疫情前状态。2021 年汽油生产量为 1.55 亿 t，同比增长 17.8%；消费量为 1.40 亿 t，同比增长 20.7%，产量增幅小于消费量。2012—2021 年我国汽油生产/消费量如图 3-18 所示。

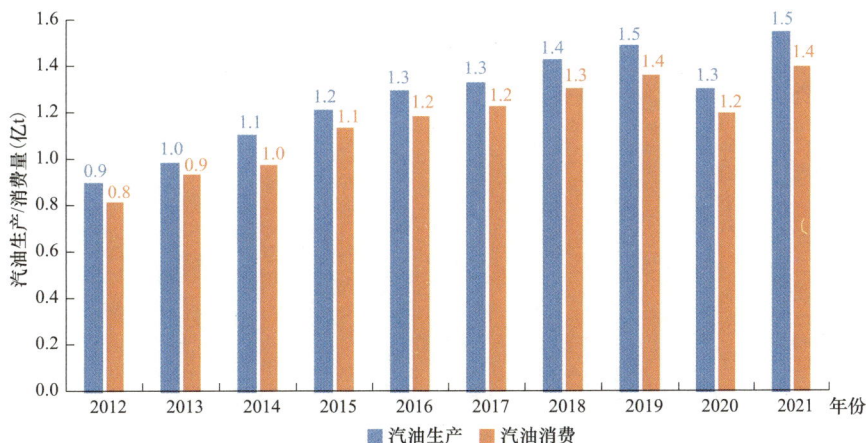

图 3-18　2012—2021 年我国汽油生产/消费量

数据来源：国家统计局

柴油供应整体宽松。2021 年柴油生产量为 1.63 亿 t，同比增长 2.7%，消费量为 1.47 亿 t，同比增长 4.3%。柴油生产消费量回升，但仍低于疫情前水平。2012－2021 年我国柴油生产量/消费量如图 3-19 所示。

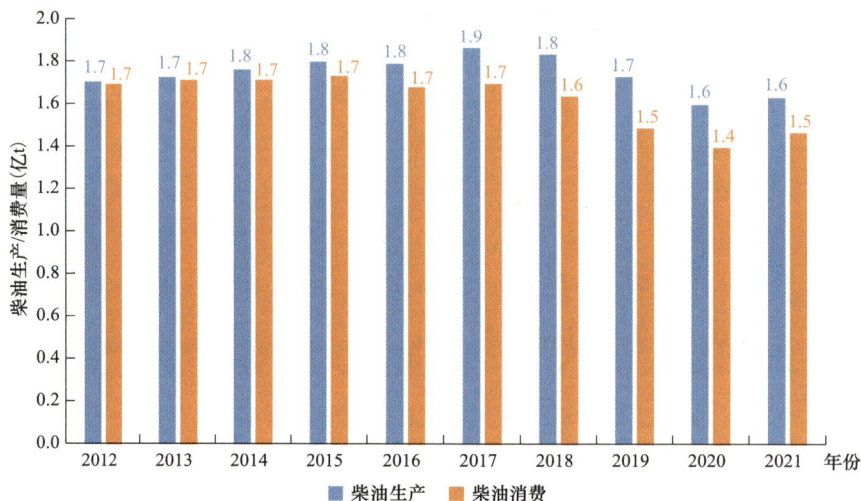

图 3-19　2012－2021 年我国柴油生产/消费量

数据来源：国家统计局

原油进口量大幅下滑，对外依存度近 20 年来首次下降。受我国油气"增储上产"计划和国际油价偏高等多方面因素影响，2021 年我国进口原油 5.1 亿 t，同比下降 5.4％，增速同比回落 12.7 个百分点，原油对外依存度降至 72.1％，比上年下降 1.5 个百分点。2012－2021 年我国原油进口量年均增长率为 8.8％。2012－2021 年我国原油净进口量及增速情况如图 3-20 所示。

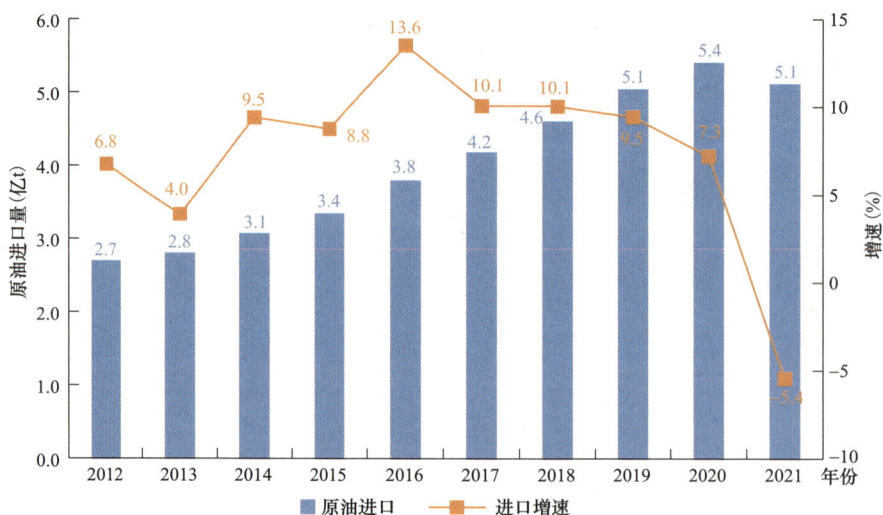

图 3-20　2012－2021 年我国原油净进口量及增速情况

数据来源：国家统计局

沙特阿拉伯、俄罗斯、伊拉克稳居我国原油进口来源国前三位。2021
年沙特阿拉伯继续保持我国第一大原油供应国地位，进口量 8756 万 t，占
我国进口总量的 17.1％，比上年提升 1.4 个百分点；其次是俄罗斯，进口
量 7964 万 t，占比 15.5％，与上年基本持平；伊拉克列第三位，进口量
5407 万 t，占比 10.5％，比上年下降 0.6 个百分点。马来西亚取代美国跻
身我国原油进口来源国前十位。2021 年我国原油进口来源如图 3-21
所示。

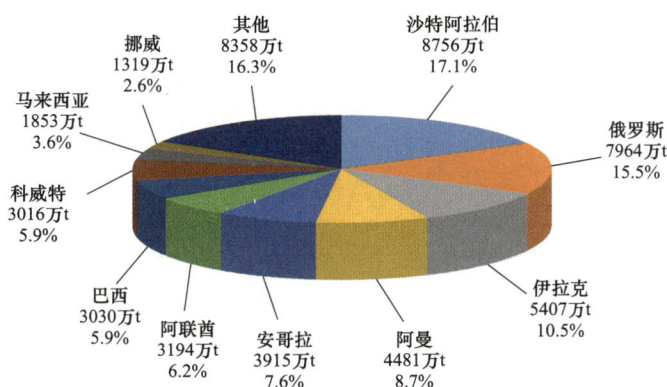

图 3-21　2021 年我国原油进口来源

数据来源：海关总署

除华南、华中地区外，其他五大地区进口量不同程度下降。2021 年华
北、华东、东北地区原油进口量继续占据前三位，其中华北地区进口 2.86
亿 t，同比下降 2.1％，占进口总量的 55.8％；其次为华东地区，进口 1.41
亿 t，同比下降 5.4％，占进口总量 27.4％；东北地区进口量位居第三，进
口 0.66 亿 t，同比下降 16.7％，占进口总量 12.9％。2021 年我国各区域原
油进口量见表 3-7。

表 3-7　　　　　　　　2021 年我国各区域原油进口量

序号	地区	进口量（万 t）	占比（%）	同比（%）
1	华北地区	28 622	55.8	-2.1
2	华东地区	14 078	27.4	-5.4
3	东北地区	6596	12.9	-16.7

续表

序号	地区	进口量（万t）	占比（%）	同比（%）
4	西南地区	878	1.7	−18.0
5	华南地区	680	1.3	4.7
6	华中地区	428	0.8	30.1
7	西北地区	11	0.0	−89.4

数据来源：海关总署

3.3　天然气

3.3.1　天然气需求

天然气消费增速大幅回弹。2021年我国天然气表观消费量3690亿 m^3，占一次能源消费总量的8.9%，同比增长12.5%，增速同比提升5.3个百分点。2012—2021年我国天然气消费量及增速情况如图3-22所示。

图3-22　2012—2021年我国天然气消费量及增速情况

数据来源：国家统计局、《中国天然气发展报告（2022）》

各部门天然气消费量均实现快速增长。从消费结构看，工业用气同比增长14.4%，占天然气消费总量的40%；发电用气同比增长13.4%，占比

18%；城市燃气同比增长 10.5%，占比 32%；化工用气同比增长 5.8%，占比 10%。2021 年我国分部门天然气消费量及增速见表 3-8，2022 年我国分部门天然气消费占比如图 3-23。

表 3-8　　　　　　　　　**2021 年我国分部门天然气消费量及增速**

用途	消费量（亿 m³）	增速（%）
城市燃气	981	10.5
工业用气	1227	14.4
发电用气	552	13.4
化工用气	307	5.8

数据来源：《中国天然气发展报告（2022）》

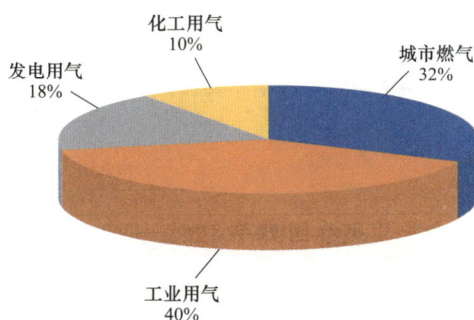

图 3-23　2022 年我国分部门天然气消费占比

数据来源：《中国天然气发展报告（2022）》

西南地区天然气消费量高速增长，华东地区和华中地区出现罕见负增长。2020 年，天津、河北、山西、安徽、山东等省份天然气消费量快速增长，增速均超过 10%。分地区看，华东地区消费量 859 亿 m³，同比下降 3.2%；华北地区 624 亿 m³，同比增长 3.6%；华中地区 201 亿 m³，同比下降 9.6%；西南地区 410 亿 m³，同比增长 10.7%；华南地区 293 亿 m³，同比增长 6.7%；东北地区 151 亿 m³，同比增长 2.5%；西北地区天然气消费增长较慢，消费量 351 亿 m³，同比增长 0.5%。2020 年我国分省份天然气消费量及占比（前十位）见表 3-9，2020 年我国分区域天然气消费占比如图 3-24 所示。

表 3 - 9 　　　　　2020 年我国分省份天然气消费量及占比（前十位）

排序	省（市）	消费量（亿 m³）	占比（%）
1	江苏	274	9.5
2	四川	251	8.7
3	山东	214	7.4
4	广东	213	7.4
5	北京	189	6.5
6	河北	154	5.3
7	新疆	139	4.8
8	浙江	134	4.6
9	天津	117	4.0
10	河南	106	3.7

数据来源：国家统计局、《中国能源统计年鉴》及各省统计年鉴

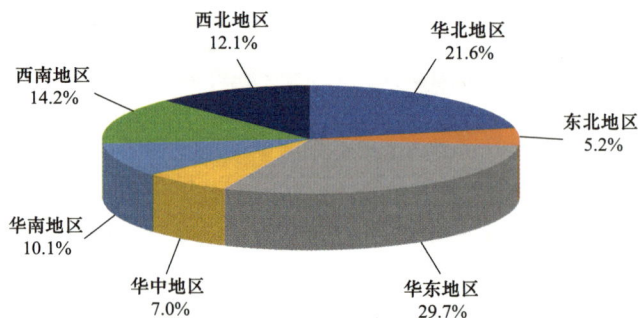

图 3 - 24　2020 年我国分区域天然气消费占比

数据来源：国家统计局、《中国能源统计年鉴》及各省统计年鉴

3.3.2　天然气供应

新增探明地质储量保持高峰水平。2021 年中国油气勘探行业"七年行动计划"持续推进，天然气探明新增地质储量 1.6 万亿 m³。其中，天然气、页岩气和煤层气新增探明地质储量分别达到 8051 亿、7454 亿、779 亿 m³。页岩油气勘探实现多点开花，四川盆地深层页岩气勘探开发取得新突破，进一步夯实页岩气增储上产的资源基础。

　　天然气连续 5 年增产超百亿方。2021 年全国天然气产量 2076 亿 m³，同比增长 7.8％。其中，页岩气产量 230 亿 m³，同比增长 14.8％；煤层气产量 105 亿 m³，同比增长 5.4％。2012—2021 年我国天然气产量及增速情况如图 3 - 25 所示，2021 年我国天然气产量及增速情况见表 3 - 10。

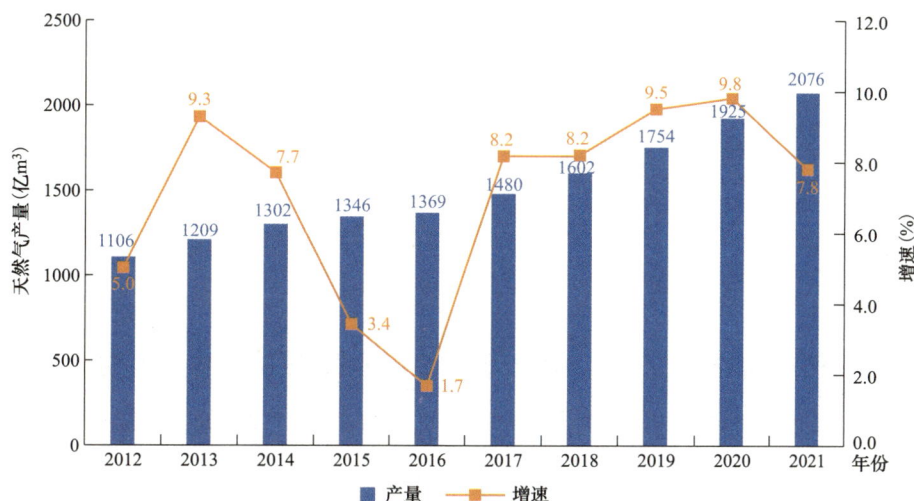

图 3 - 25　2012—2021 年我国天然气产量及增速情况

数据来源：国家统计局

表 3 - 10　　　　　　　　　**2021 年我国天然气产量及增速情况**

类　　别	产量（亿 m³）	增速（％）
天然气产量	2076	7.8
其中：页岩气产量	230	14.8
其中：煤层气产量	105	5.4

数据来源：国家统计局、国家发改委

　　天然气产区主要集中于西部地区。2021 年长庆油田、塔里木油田、西南油气田三大产区生产量占全国天然气总量的 54.8％。其中，长庆油田生产天然气 465 亿 m³，占总产量的 22.4％；塔里木油田生产天然气 319 亿 m³，占比 15.4％；西南油气田生产天然气 354 亿 m³，占比 17.1％。2021 年我国主要产气区天然气产量占比如图 3 - 26 所示。

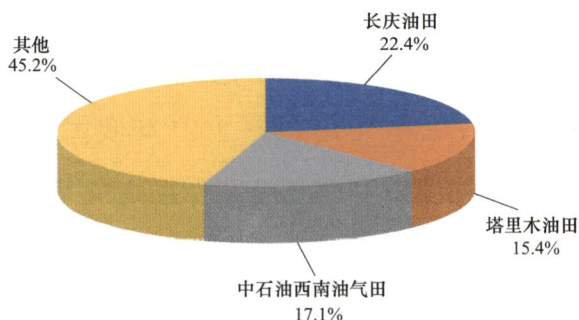

图 3-26 2021 年我国主要产气区天然气产量占比

数据来源：公开资料整理

3.3.3 天然气供需影响因素

（1）天然气价格及交易。**全球天然气市场供应增长不及预期，国际气价一路走高**。受碳中和情景下能源持续转型、极端天气等因素影响，需求强劲反弹，超过新冠疫情前水平，全年消费量为 4 万亿 m^3，同比增长 4.6%。然而，供应增长不及预期，市场供应紧张，新增液化产能不足。尤其是欧洲市场供需矛盾尤为突出，国际气价上涨至历史高位。欧洲 TTF 现货均价同比上涨 397%，为 2004 年有价格记录以来最高。东北亚、亚洲 LNG 现货价格也回升到 2014 年的高气价水平。

我国进口天然气月度价格大幅上涨。2021 年我国进口天然气均价 2967 元/t，同比上升 30.1%。受到新冠肺炎疫情和通货膨胀影响，全球大宗商品的价格都迎来了明显上涨趋势，天然气价格更是在 12 月达到近年新高。其中，进口 LNG 均价 3611 元/t，同比上涨 49.6%；进口管道气均价 1770 元/t，同比下降 12.4%。2021 年我国月度进口天然气价格如图 3-27 所示。

（2）基础设施建设。**管道建设趋势向好**。截至 2021 年底，国内建成油气长输管道总里程累计达到 15.0 万 km，其中天然气管道里程约 8.9 万 km、占比 59.33%。2021 年，新建成油气长输管道总里程约 5414km，其中天然气管道新建成里程约 3126km、同比减少 1858km。这是由于 2021 年新建天然气管道主要为支线和互联互通型管道项目，而同期新开工大型干线管道工

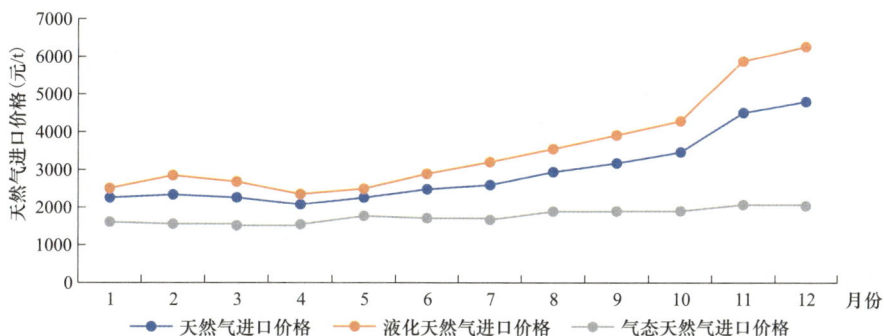

图 3 - 27　2021 年我国月度进口天然气价格

数据来源：海关总署

程建设周期较长，因此当年新建成管道里程出现一定程度下滑。

储气库建设加快推进。截至 2021 年底，我国累计在役储气库（群）15 座，形成储气调峰能力超过 170 亿 m³，同比增长超过 15％，占 2021 年全国天然气消费量的 4.5％以上，天然气调峰和稳定供气能力进一步增强。2021 年储气库项目建设进展包括：中国石油辽河油田双台子储气库群双 6 储气库扩容上产工程正式投产，成为我国调峰能力最大的储气库，日采气量在往年的基础上翻一番，大幅提升对东北及京津冀地区冬季天然气保供能力；中国石化加快布局中原储气库群、湖北黄场储气库等重点项目，山东永 21、中原卫 11、东北孤西、四川清溪等储气库相继投产。

LNG 接收能力快速增长。截至 2021 年底，我国已建成的 LNG 接收站共 22 座（含转运站），接收能力为 10 800 万 t/年，同比增加 16.5％。已建成 LNG 储罐 92 个，总罐容 1330.5 万 m³，最大可储存 79.8 亿 m³ 天然气。根据各 LNG 接收站公布的设计接收能力测算，2021 年 LNG 接收站平均负荷率为 81.1％，比上年提高 8.4 个百分点；LNG 接收站月度负荷率均在 70％以上，其中 1 月最高，达到 107％，10 月最低，为 70.4％。"十四五"末期我国 LNG 接收站接收能力有望超过 1.4 亿 t/年。

（3）市场化体制改革。天然气市场化改革继续深化。2021 年 5 月 18 日，国家发展改革委印发《关于"十四五"时期深化价格机制改革行动方案的通知》，明确到 2025 年，竞争性领域和环节价格主要由市场决定，网络型自然垄断环节科学定价机制全面确立，能源资源价格形成机制进一步完善。2021 年 6 月 7 日，国家发展改革委印发《天然气管道运输价格管理办法（暂行）》和《天然气管道运输定价成本监审办法（暂行）》，在 2016 年两个试行办法基础上进一步完善了天然气管道运输价格管理体系。

3.3.4　天然气供需平衡情况

天然气生产与消费缺口进一步扩大。2021 年天然气生产与消费缺口达 1637 亿 m^3，同比扩大 282 亿 m^3。2011 年以来，天然气消费量快速增长，年均增长率 10.8%；而天然气产量年均增长率仅为 7.1%，比消费量年均增长率低 3.7 个百分点。2012－2021 年我国天然气生产/消费情况如图 3-28 所示。

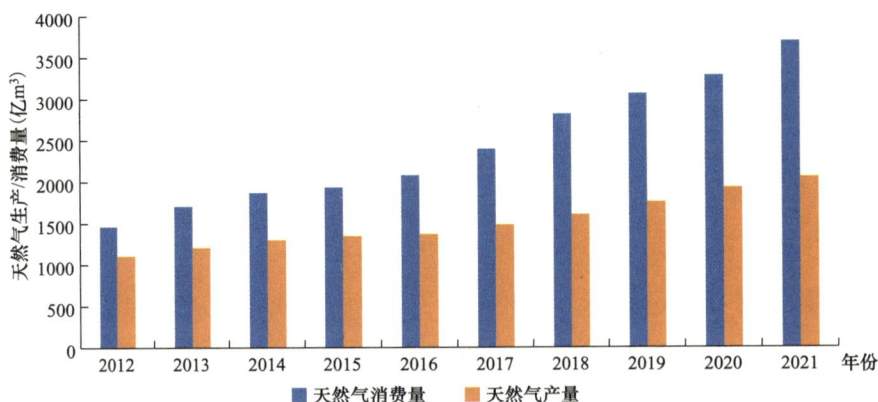

图 3-28　2012－2021 年我国天然气生产/消费情况

数据来源：国家统计局

天然气进口增速强势回弹。2021 年天然气进口量 12 136 万 t（约 1680 亿 m^3），同比增长 19.9%，增速同比上升 14.6 个百分点。其中，管道天然气进口量 4243 万 t，同比增长 22.9%。LNG 进口量 7893 万 t，同比增长 17.6%。2021 我国天然气对外依存度进一步提升，达 45.3%，比上年提升

3.1 个百分点。2012－2021 年我国天然气进口量及对外依存度如图 3-29 所示。

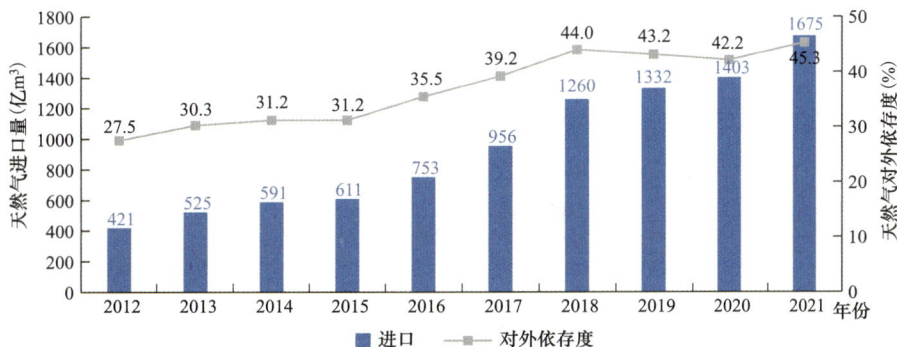

图 3-29　2012－2021 年我国天然气进口量及对外依存度

数据来源：海关总署

来自俄罗斯和美国的天然气进口量大幅提升。2021 年，澳大利亚、土库曼斯坦稳居我国天然气进口来源国前两位，其中进口于澳大利亚的天然气高达 3110 万 t，同比增长 7.0%；进口于土库曼斯坦的天然气 2400 万 t，占比 19.8%，同比增长 15.9%。俄罗斯和美国跻身我国天然气进口来源国前五位，进口量分别为 1205 万、898 万 t，同比分别增长 49.7%、180.2%。2021 年我国天然气主要进口国进口量占比如图 3-30 所示。

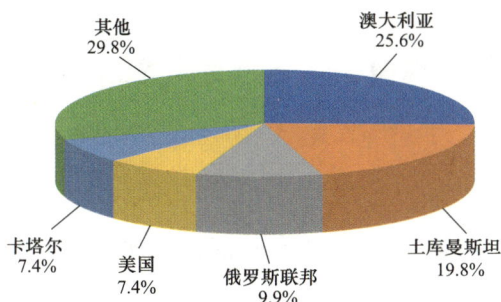

图 3-30　2021 年我国天然气主要进口国进口量占比

数据来源：海关总署

华南地区天然气进口量大幅下降，华东和东北地区天然气进口量显著上

升。2021 年华北、华东、东北地区天然气进口量占据前三位，首先华北地区进口 7386 万 t，同比增长 2.2％，占进口总量的 60.9％；其次为华东地区，进口 2158 万 t，同比增长 25.2％，占进口总量 17.8％；东北地区进口量超过华南地区跃进前三位，进口 910 万 t，同比增长 22.1％，占进口总量 7.5％。2021 年我国各区域天然气进口量见表 3 - 11。

表 3 - 11　　　　　　　2021 年我国各区域天然气进口量

序号	地区	进口量（万 t）	占比（%）	同比（%）
1	华北地区	7386	60.9	2.2
2	华东地区	2158	17.8	25.2
3	东北地区	910	7.5	22.1
4	华南地区	883	7.3	− 35.6
5	西北地区	464	3.8	− 12.9
6	西南地区	325	2.7	7.0
7	华中地区	0	—	—

数据来源：海关总署

3.4　电力

3.4.1　电力需求

全社会用电需求平稳恢复，用电增速大幅回升。2021 年，我国全社会用电量 8.3 万亿 kWh，同比增长 10.3％，增速同比提升 7.2 个百分点。2012—2021 年我国全社会用电量及增速情况如图 3 - 31 所示。

第一、三产业用电均实现两位数的高速增长，第二产业和居民用电增速不同程度提升。2021 年，全国第一产业用电量快速增长，全年用电量 1023 亿 kWh，同比增长 16.4％，增速同比提升 6.2 个百分点；得益于社会生产生活秩序全面恢复，第二产业用电增速持续加快，全年用电量 5.6 万亿 kWh，同比增长 9.1％，增速同比上升 6.6 个百分点；受新冠疫情防控措施

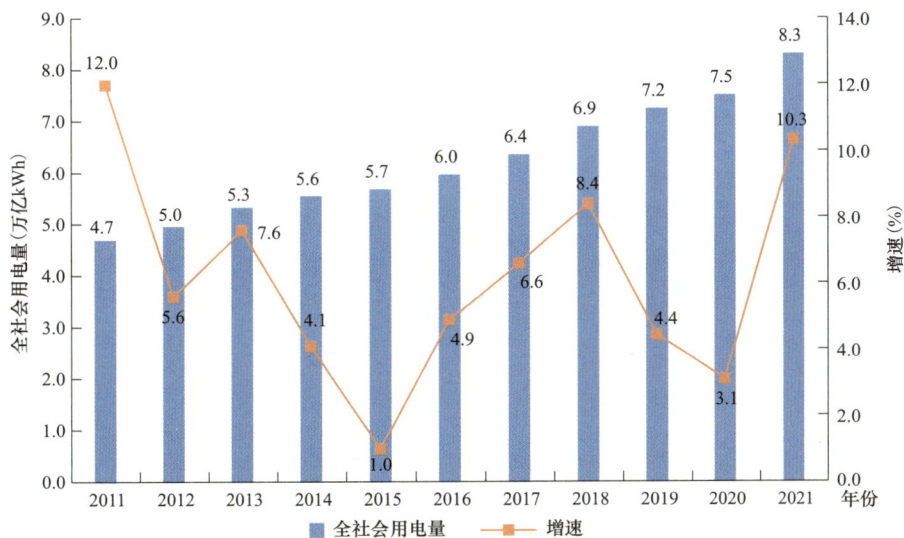

图 3 - 31　2012—2021 年我国全社会用电量及增速情况

数据来源：中国电力企业联合会—全国电力工业统计快报

得当影响，第三产业用电需求迅速恢复，用电增速大幅上升，全年用电量
1.4 万亿 kWh，同比增长 17.8%，增速同比提升 15.9 个百分点；居民生活
用电量保持稳定增长，全年用电量 1.2 万亿 kWh，同比增长 7.3%，增速同
比提升 0.4 个百分点。

**第二产业和居民生活用电占比小幅下降，第三产业用电占比提升 1.0 个
百分点**。2021 年，第一产业用电占全社会用电量的 1.2%，高于上年 0.1 个
百分点；第二产业用电占比 67.5%，比上年下降 0.7 个百分点；第三产业
用电占比 17.1%，比上年提高 1.0 个百分点；居民生活用电占比 14.1%，
比上年下降 0.5 个百分点。

**各地区用电增速不同程度提升，其中华中、西北地区用电增速提升超
10%**。2021 年，华中、西北地区全社会用电量分别为 8273 亿、9004 亿
kWh，同比分别增长 10.8%、14.0%，增速同比分别大幅提升 10.5、10.7
个百分点；东北、华北、华东、华南、西南地区用电量分别为 4508 亿、
13 075 亿、29 162 亿、10 508 亿、8598 亿 kWh，同比分别增长 6.3%、
7.3%、11.1%、12.8%、11.0%，增速同比分别提高 4.7、4.1、6.0、

8.9、3.8 个百分点。2021 年我国各地区用电量及增速见表 3-12。

表 3-12　　　　　　　2021 年我国各地区用电量及增速

排名	地区	用电量（亿 kWh）	增速（%）
1	东北地区	4508	6.3
2	华北地区	13 075	7.3
3	华东地区	29 162	11.1
4	华中地区	8273	10.8
5	华南地区	10 508	12.8
6	西南地区	8598	11.0
7	西北地区	9004	14.0

数据来源：中国电力企业联合会—全国电力工业统计快报

3.4.2　电力供应

（1）**电力供给总体情况**。全国发电装机容量快速增长，可再生能源装机占比持续提升。截至 2021 年底，全国发电装机 23.8 亿 kW，同比增长 7.9%，增速同比回落 1.6 个百分点。其中火电装机 13.0 亿 kW，同比增长 4.1%，占装机总量的 54.6%，占比较上年下降 2.0 个百分点；核电装机 5326 万 kW，同比增长 6.8%，占装机总量的 2.2%；水电、风电、太阳能发电等可再生能源发电装机 10.3 亿 kW，同比增长 13.4%，占装机总量的 43.3%，占比较上年提升 2.1 个百分点。2012—2021 年我国发电装机总量及增速情况如图 3-32 所示，2012—2021 年我国发电装机结构如图 3-33 所示。

新增发电装机容量罕见下降，核电延续高增长态势。2021 年全国新增发电装机 17 629 万 kW，同比减少 7.2%。其中火电新增装机 4628 万 kW，同比减少 17.2%，占新增发电装机总量的 26.3%，占比较上年下降 3.2 个百分点；核电新增装机 340 万 kW，同比上升 203.9%，占比 1.9%，比上年提高 1.3 个百分点；可再生能源新增装机 12 599 万 kW，同比下降 5.8%，占比 71.5%，比上年提升 1.0 个百分点，为历史最高点。2021 年我国新增发电装机结构如图 3-34 所示。

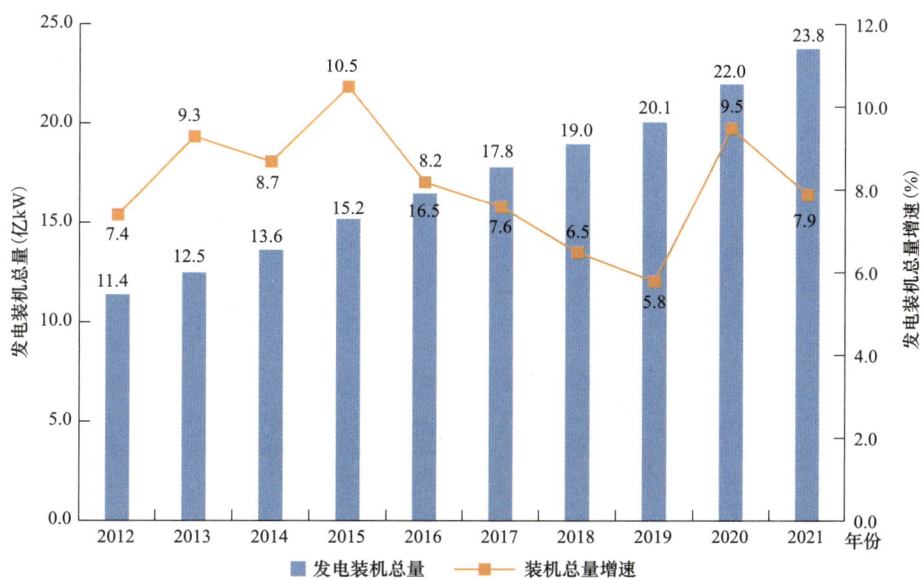

图 3-32　2012—2021 年我国发电装机总量及增速情况

数据来源：中国电力企业联合会－全国电力工业统计快报

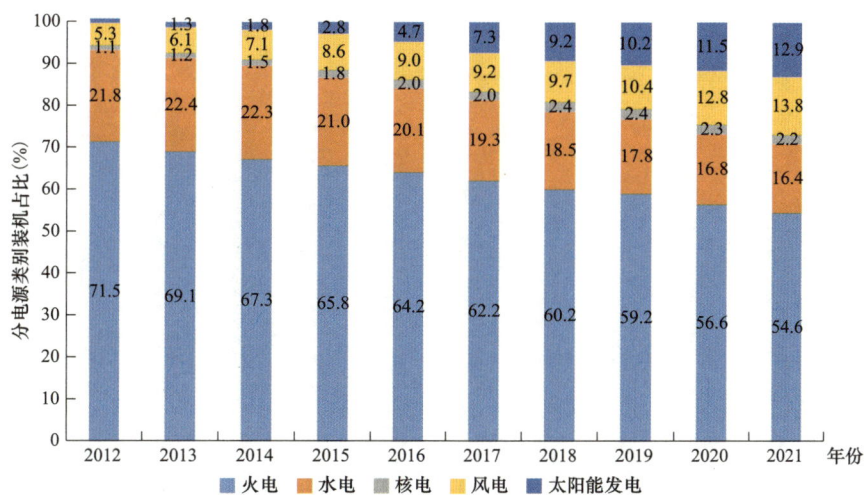

图 3-33　2012—2021 年我国发电装机结构

数据来源：中国电力企业联合会－全国电力工业统计快报

发电量大幅增长，可再生能源发电占比进一步提升。2021 年，全国发电量 83 768 亿 kWh，同比增长 9.8%，增速同比提升 5.8 个百分点。分类型看，火电发电量 56 463 亿 kWh，同比增长 9.1%，占全国发电量的 67.4%，占比较上年下降 0.5 个百分点；核电发电量 4075 亿 kWh，同比增长 11.3%，占比 4.9%，略高于上年 0.1 个百分点；可再生能源总发电量 23 227 万亿 kWh，同比增长 11.5%，占比 27.7%，比上年提升 0.4 个百分点。2012—2021 年我国发电量及增速情况如图 3-35 所示，2012—2021 年我国发电量（全口径）结构如图 3-36 所示。

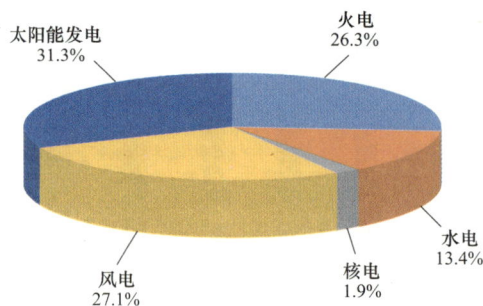

图 3-34　2021 年我国新增发电装机结构

数据来源：中国电力企业联合会—全国电力工业统计快报

图 3-35　2012—2021 年我国发电量及增速情况

数据来源：中国电力企业联合会—全国电力工业统计快报

发电设备整体和火电平均利用小时数小幅提升。全国 6000kW 及以上电厂发电设备平均利用小时数 3817h，同比增加 60h。其中，火电设备平均利用小时数 4448h，同比增加 237h；水电 3622h，同比减少 203h；核电 7802h，同比增加 352h；风电 2232h，同比增加 154h；太阳能发电 1281h，同比减少 1h。2012—2021 年我国 6000kW 及以上电厂发电设备及火电设备平均利用小时数如图 3-37 所示。

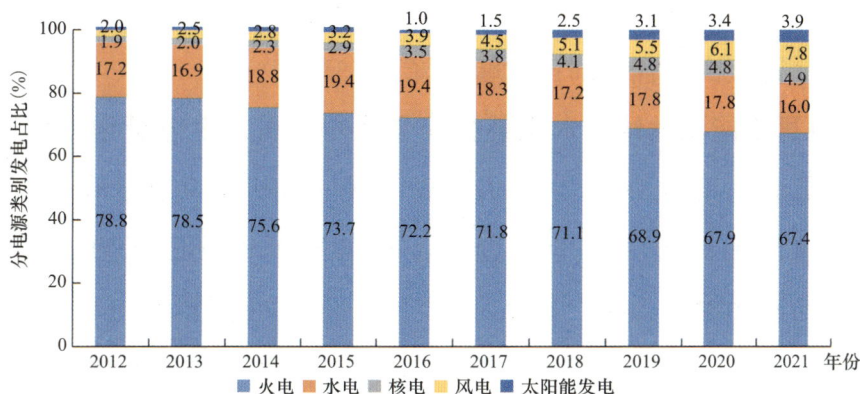

图 3-36　2012—2021 年我国发电量（全口径）结构

数据来源：中国电力企业联合会—全国电力工业统计快报

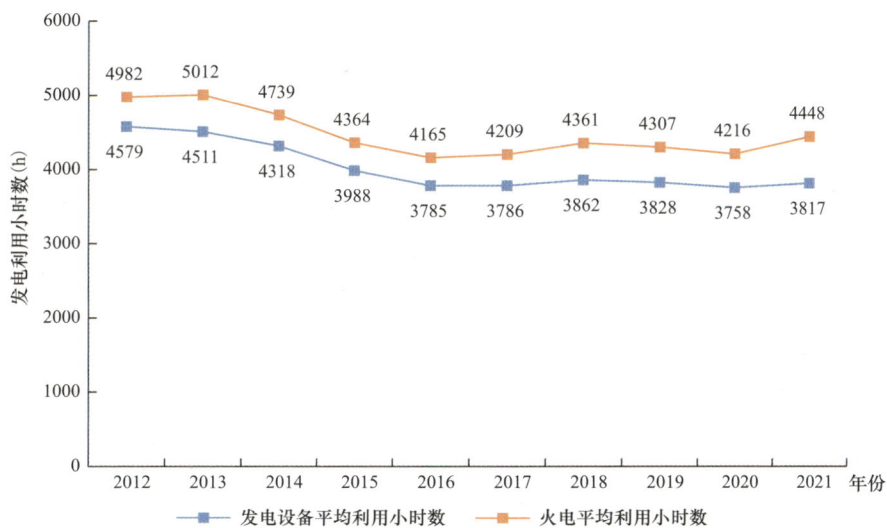

图 3-37　2012—2021 年我国 6000kW 及以上电厂发电设备及火电设备平均利用小时数

数据来源：中国电力企业联合会—全国电力工业统计快报

电源工程建设投资稳步增长，电网工程建设投资实现三年来首次正增长。2021 年，全国电力工程建设投资完成 10 481 亿元，同比增长 2.9%。

电源工程建设投资完成5530亿元，同比增长4.5%，是拉动电力工程建设投资的主要力量，其中核电、火电工程建设投资同比增长41.8%、18.3%，水电、风电工程建设投资同比分别下降7.4%、6.6%。电网工程建设投资完成4951亿元，同比上升1.1%，实现自2019年来的首次正增长，其中新增220kV及以上输电线路回路长度和变电设备容量同比分别增长3.8%和5.0%，新增直流换流容量同比大幅下降38.5%。

（2）可再生能源供给。水电装机容量稳步增长，发电量增速由正转负。2021年全国水电新增装机2349万kW，累计装机3.9亿kW，同比增长5.2%，增速同比提升2.2个百分点；发电量1.3万亿kWh，同比下降1.1%，增速同比回落5.2个百分点。2012—2021年我国水电装机容量及增速情况如图3-38所示，2012—2021年我国水电发电量及增速情况如图3-39所示。

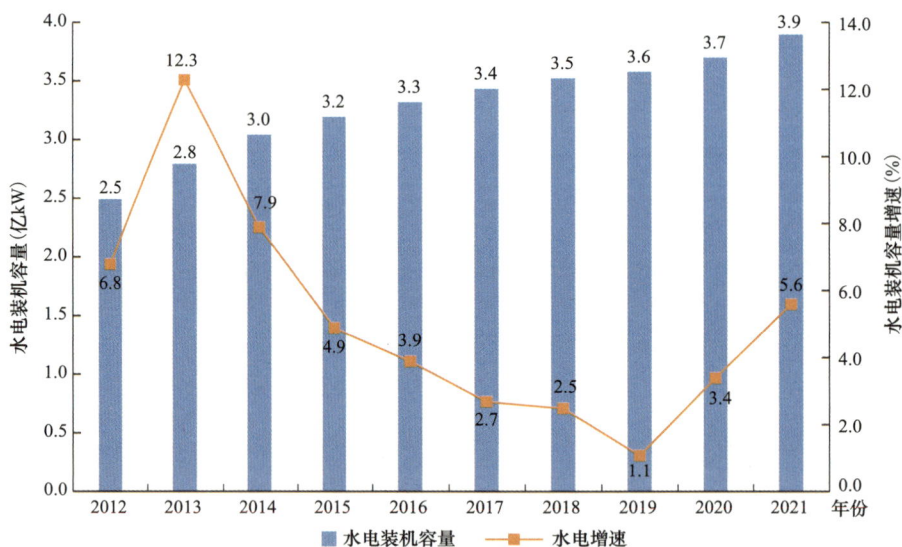

图3-38　2012—2021年我国水电装机容量及增速情况

数据来源：中国电力企业联合会—全国电力工业统计快报

风电装机和发电量均保持快速增长。2021年，风电新增并网装机4757万kW，累计并网装机3.3亿kW，同比增长16.8%，增速同比下降17.8个百分点。2021年风电发电量6556亿kWh，同比增长49.5%，增速同比提升 34.4 个百分点。2012—2021 年我国风电装机容量及增速情况如图 3-40 所示，2012—2021 年我国风电发电量及增速情况如图 3-41 所示。

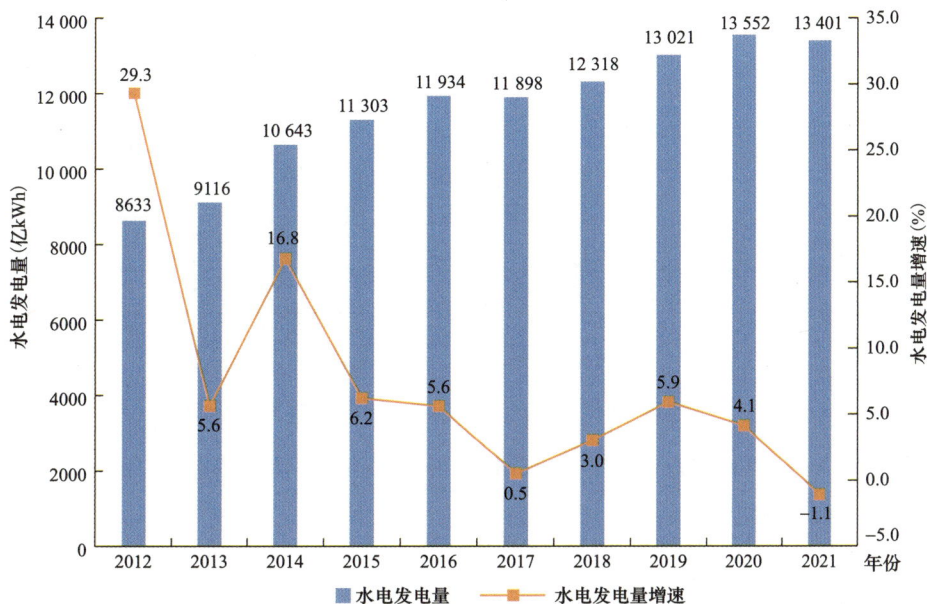

图 3-39　2012—2021 年我国水电发电量及增速情况

数据来源：中国电力企业联合会—全国电力工业统计快报

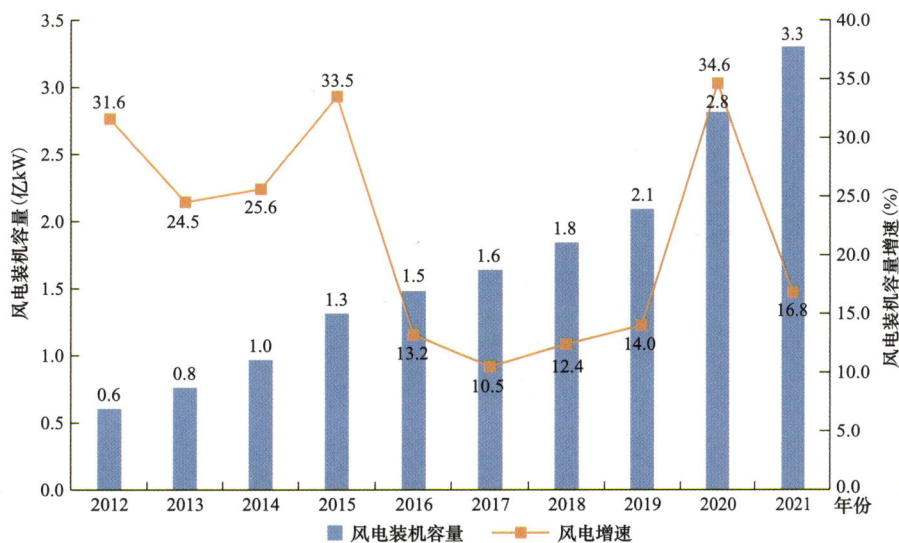

图 3-40　2012—2021 年我国风电装机容量及增速情况

数据来源：中国电力企业联合会—全国电力工业统计快报

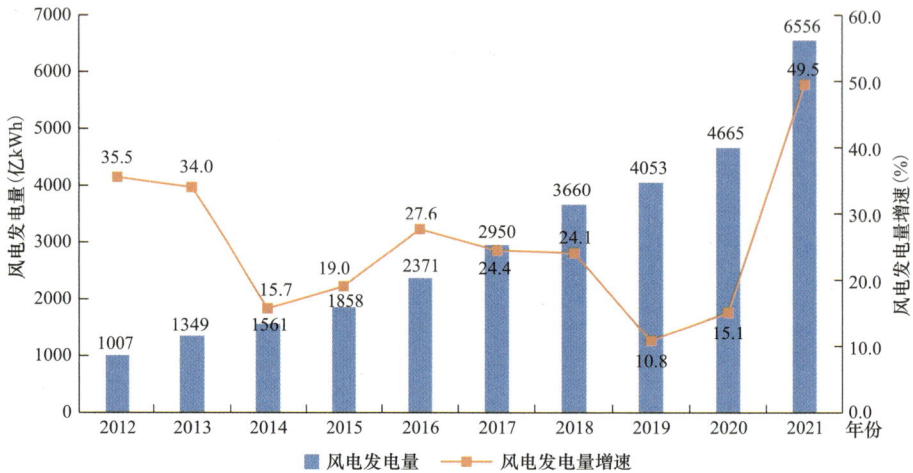

图 3-41 2012—2021 年我国风电发电量及增速情况

数据来源：中国电力企业联合会－全国电力工业统计快报

七大区域新增风电装机容量稳步增长。2021 年华东地区新增风电装机容量最大，达 1422 万 kW，同比大幅增长 98.3%；其次是华南地区 730 万 kW，同比增长 153.1%；华中地区 684 万 kW，排列第三位，同比增长 68.4%；华北地区 682 万 kW，排列第四位，同比增长 31.6%；西北地区以 660 万 kW 排列第五位，同比增长 44.5%；西南和东北地区新增装机较少，合计 515 万 kW，同比增长 99.2%。2021 年我国分区域新增风电装机占比如图 3-42 所示。

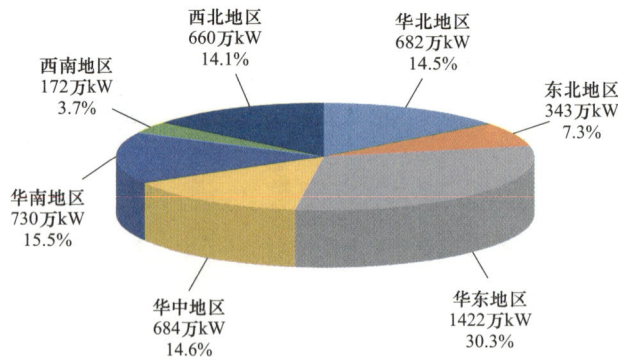

图 3-42 2021 年我国分区域新增风电装机占比

数据来源：中国电力企业联合会－全国电力工业统计快报

弃风率持续下降。2021 年我国弃风电量 206.1 亿 kWh，弃风率 3.1%，同比下降 0.4 个百分点，弃风限电情况持续好转；尤其是湖南、甘肃和新疆，风电利用率同比显著提升，湖南风电利用率 99%、甘肃风电利用率 95.9%，新疆风电利用率 92.7%、同比分别提升 4.5、2.3、3.0 个百分点。弃风率排名前三位的地区是青海（弃风率 10.7%）、蒙西（弃风率为 8.9%）、新疆（弃风率 7.3%）。2015—2021 年我国弃风电量和弃风率如图 3-43 所示。

图 3-43　2015—2021 年我国弃风电量和弃风率

数据来源：国家能源局、全国新能源消纳监测预警中心

太阳能发电装机和发电量保持高速增长。2021 年，太阳能发电新增装机 5493 万 kW，累计装机总量达 3.1 亿 kW，同比增长 20.9%，增速同比回落 3.2 个百分点。并网太阳能发电量 3270 亿 kWh，同比增长 25.2%，增速同比提高 8.6 个百分点。2012—2021 年我国太阳能发电装机及增速情况如图 3-44 所示，2012—2021 年我国太阳能发电量及增速情况如图 3-45 所示。

七大区域新增太阳能发电装机容量稳步提升。2021 年华东地区新增太阳能发电装机容量蝉联全国第一位，达 2206 万 kW，同比增长 163.2%；其次是华北地区新增装机 1088 万 kW，同比增长 96.8%；华中、西北地区新增装机分别为 697 万、695 万 kW，位列第三、第四位，分别同比增长 285.9%、60.3%。华南、东北、西南地区新增光伏装机容量同比分别增长 145.5%、115.2%、14.8%。2021 年我国分区域太阳能发电新增装机占比如图 3-46 所示。

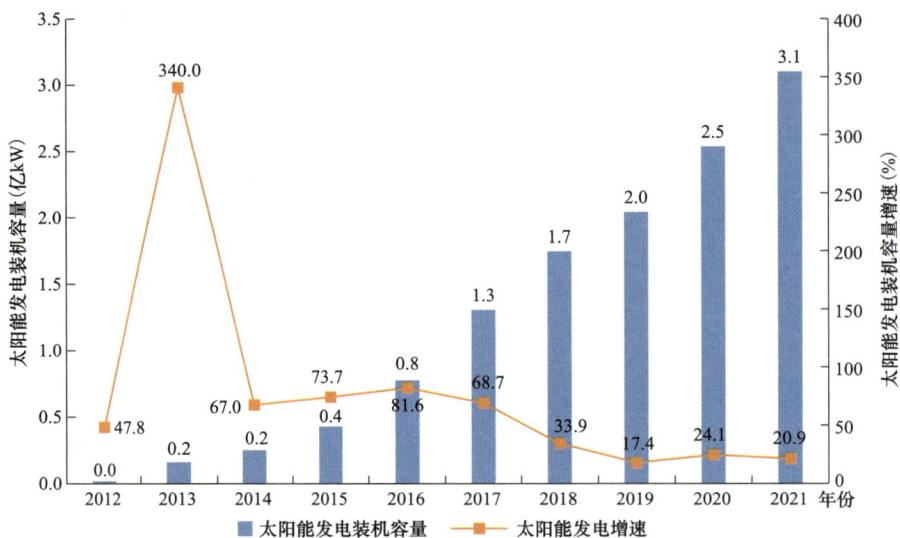

图3-44　2012—2021年我国太阳能发电装机及增速情况

数据来源：中国电力企业联合会—全国电力工业统计快报

图3-45　2012—2021年我国太阳能发电量及增速情况

数据来源：中国电力企业联合会—全国电力工业统计快报

弃光率与上年基本持平。2021年全国弃光电量67.8亿kWh，弃光率降至2.0%，与上年同期基本持平。新疆、西藏等地光伏消纳水平显著提升，光伏利用率同比分别提升2.8和5.6个百分点。分省份看，弃光率超过3%的省份有西藏（19.8%，比上年降低5.6个百分点）、青海（13.8%，比上年提高5.8个百分点）。2015—2021年我国弃光电量及弃光率如图3-47所示。

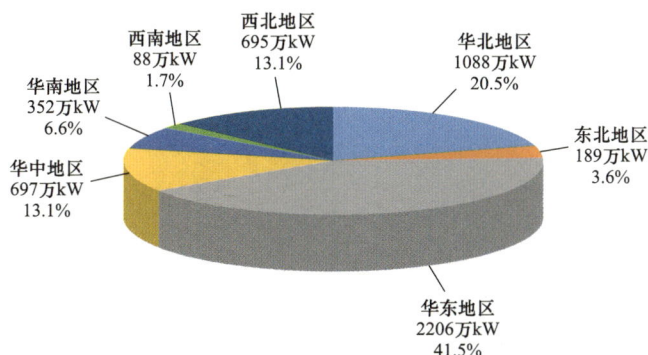

图 3-46　2021 年我国分区域太阳能发电新增装机占比

数据来源：中国电力企业联合会—全国电力工业统计快报

图 3-47　2015—2021 年我国弃光电量及弃光率

数据来源：国家能源局、全国新能源消纳监测预警中心

生物质发电保持稳步增长。2021 年我国生物质发电新增装机 808 万 kW，累计装机 3979 万 kW，同比增长 24.1%，增速同比提高 1.5 个百分点；发电量 1653 亿 kWh，同比增长 22.0%，增速同比提升 2.5 个百分点。2021 年装机容量和发电量排名前三位的省份均为山东、广东、浙江，装机容量分别为 396 万、377 万、292 万 kW，发电量分别为 207 亿、180 亿、144 亿 kWh。2021 年新增装机容量排名前三位的省份是河北、河南、黑龙江，分别为 91.8 万、78.7 万、72.3 万 kW。2012—2021 年我国生物质发电装机及增速情况如图 3-48 所示，2012—2021 年我国生物质发电量及增速情况如图 3-49 所示。

图 3-48　2012—2021 年我国生物质发电装机及增速情况

数据来源：国家统计局、国家能源局

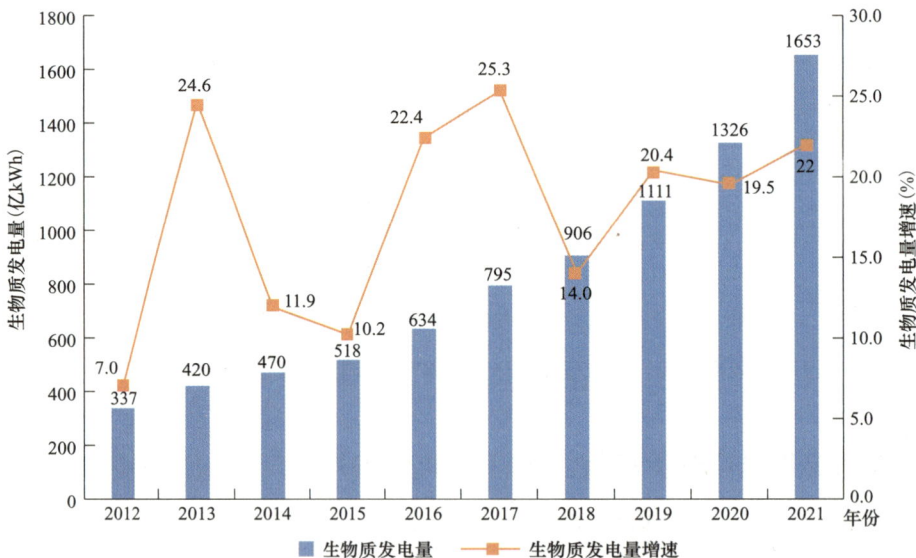

图 3-49　2012—2021 年我国生物质发电量及增速情况

数据来源：国家统计局、国家能源局

3.4.3　电力供需影响因素

（1）新冠肺炎疫情。局部疫情多点散发对电力需求造成较大影响。2021上半年得益于对局部疫情的有效控制，生产生活有序恢复，电力消费强势反弹，用电需求逐步恢复，第一、第二季度用电量同比上升 21.2%、10.8%，增速同比提高 27.7、7.9 个百分点。随着国内疫情多点散发、局部爆发，以及变异毒株在全球范围内传播，用电增速逐季放缓，第三、第四季度用电量同比增速分别为 7.6%、3.3%。疫情的有效控制对第三产业用电需求的提升影响最大，第三产业全年用电量增长 17.8%，同比提高 15.9 个百分点。

（2）经济结构。经济结构持续优化。2021 年我国 GDP 同比增长 8.1%，分产业看，第一产业同比增长 7.1%，第二产业同比增长 8.2%，第三产业同比增长 8.2%。经济结构持续优化趋势，第一产业、第二产业、第三产业 GDP 占比分别为 7.3%、39.4%、53.3%，比上年分别增长－0.4、1.6、－1.2 个百分点。受此影响，第一产业、第二产业、第三产业用电占比分别调整为 1.2%、67.5%、17.1%，电力弹性系数较上年 1.35 回落至 1.27，短期出现波动。

（3）电能替代。电能替代持续推进，电能占终端能源消费比重进一步提升。2016 年，国家发展改革委、国家能源局联合八部委出台《关于推进电能替代的指导意见》，要求到 2020 年完成电能替代 4500 亿 kWh。2018－2020 年全国电能替代量 5895 亿 kWh，超额完成"十三五"电能替代目标，电能占终端能源消费比重从 2015 年的 22.1% 提高到 2020 年的 26.5%。国家能源局印发的《2021 年能源工作指导意见》中指出，2021 年新增电能替代量 2000 亿 kWh 左右，电能占终端能源消费比重力争达到 28% 左右。

3.4.4　电力供需平衡情况

电力供需总体偏紧，局部地区用电高峰时段电力供应紧张。2021 年我国发电量 8.4 万亿 kWh，全社会用电量 8.3 万亿 kWh，电力供需形势总体偏紧。分时段看，年初寒潮、年中迎峰度夏以及 9 月至 10 月部分地区电力供应紧张。分区域看，华北区域电力供需形势总体偏紧；东北、华东、华中、华南区域电力供需形势紧张，西北、西南区域电力供需总体平衡。分省看，自 2020 年 12 月寒潮以来，除江苏、浙江等地因能耗"双控"限制部分企业用电外，吉林、湖南、广东、云南等 10 多个省（区）因电力供应不足实施有序用电，限电范围广、受影响用户多。2012—2021 年我国发/用电量如图 3-50 所示，2021 年我国分地区发/用电量如图 3-51 所示。

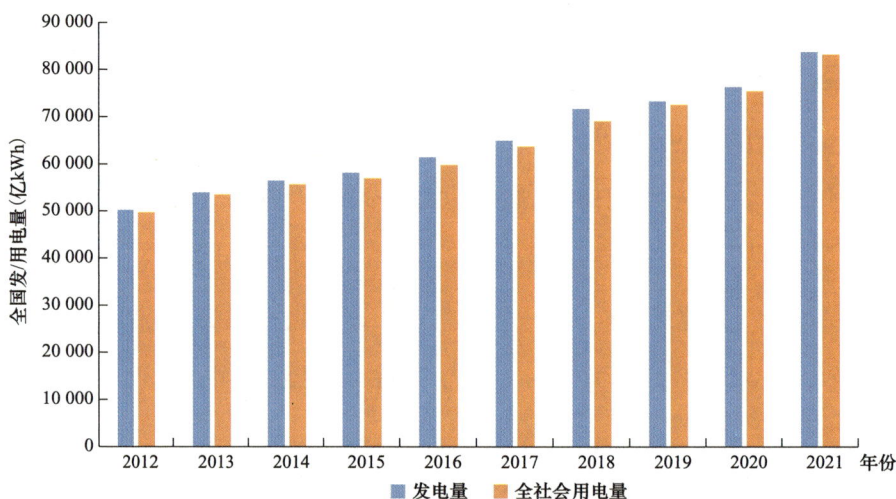

图 3-50　2012—2021 年我国发/用电量

数据来源：中国电力企业联合会－全国电力工业统计快报

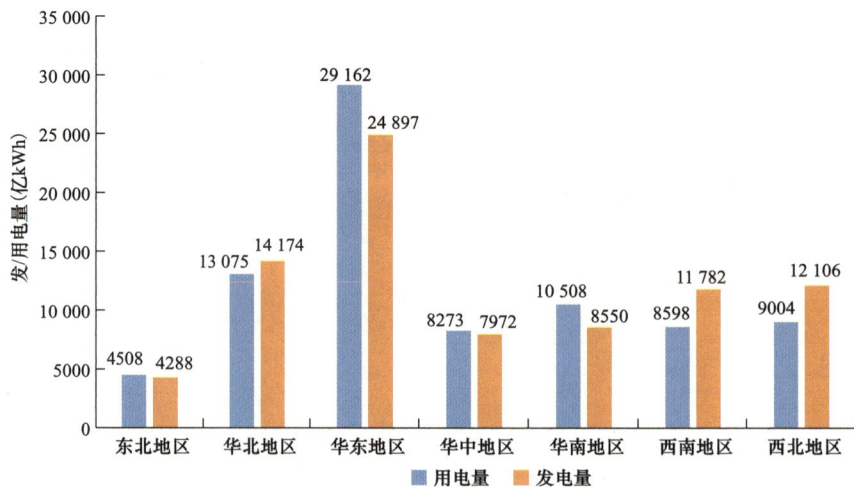

图 3-51　2021 年我国分地区发/用电量

数据来源：中国电力企业联合会－全国电力工业统计快报

第 4 章

南方五省区宏观经济形势及能源供需概况

4.1 南方五省区宏观经济形势

南方五省区[❶]经济增速均呈现上升态势。2021 年，南方五省区 GDP 总量（现价）20.2 万亿元，同比增长 7.9%，增速同比上升 5.0 个百分点，低于全国 0.2 个百分点。广东、广西、云南、贵州和海南 GDP 同比分别增长 8.0%、7.5%、7.3%、8.1% 和 11.2%，增速同比分别上升 5.7、3.8、3.3、3.6、7.7 个百分点，其中海南增速高于全国平均水平，贵州、广东 GDP 增速与全国基本持平。2012－2021 年，南方五省区 GDP 年均增长率 7.3%，占全国比重由 2012 年的 16.5% 上升至 2021 年的 17.7%。2012－2021 年南方五省区 GDP 总量（现价）及增速情况见表 4-1。

表 4-1　　　　2012－2021 年南方五省区 GDP 总量（现价）

及增速情况　　　　　　　　　　　　　　单位：亿元,%

年份	2012	2013	2014	2015	2016	2017	2018	2019	2020	2021
广东	57 008	62 503	68 173	74 732	82 163	91 649	99 945	107 987	111 152	124 370
增速	8.3	8.5	7.8	8.0	7.5	7.5	6.8	6.2	2.3	8.0
广西	11 304	12 448	13 588	14 798	16 117	17 791	19 628	21 237	22 121	24 741
增速	10.1	10.0	8.3	7.9	7.0	7.1	6.8	6.0	3.7	7.5
云南	11 097	12 826	14 042	14 960	16 369	18 486	20 881	23 224	24 556	27 147
增速	12.0	12.2	8.1	8.7	8.7	9.5	8.9	8.1	4.0	7.3
贵州	6742	7973	9173	10 541	11 792	13 605	15 353	16 769	17 860	19 586
增速	13.0	12.4	10.8	10.7	10.5	10.2	9.1	8.3	4.5	8.1
海南	2789	3116	3449	3734	4090	4498	4911	5331	5566	6475
增速	9.4	9.6	8.6	7.8	7.5	7.0	5.8	5.8	3.5	11.2
五省区合计	88 940	98 866	108 425	118 765	130 531	146 028	160 718	174 548	181 255	202 319
增速	9.3	9.4	8.1	8.3	7.8	7.9	7.2	6.6	2.9	7.9

数据来源：国家统计局

广东 GDP 占南方五省区经济总量比重小幅回升。2021 年，广东 GDP

---

❶ 本报告中南方五省区指南方电网供电区域，即广东、广西、云南、贵州、海南五省区。

占南方五省区 GDP 总量的 61.5％，同比提升 0.2 个百分点；海南占比为 3.2％，同比提升 0.1 个百分点；广西占比与上年持平，占比为 12.2％；云南、贵州占比与上年相比有所下降，分别为 13.4％、9.7％。2012 年以来，广东 GDP 占南方五省区经济总量比重总体呈现下降趋势；广西占比总体呈下降趋势，近五年保持平稳；云南、贵州占比总体呈上升趋势；海南占比基本平稳。2012—2021 年南方五省区 GDP 占比如图 4-1 所示。

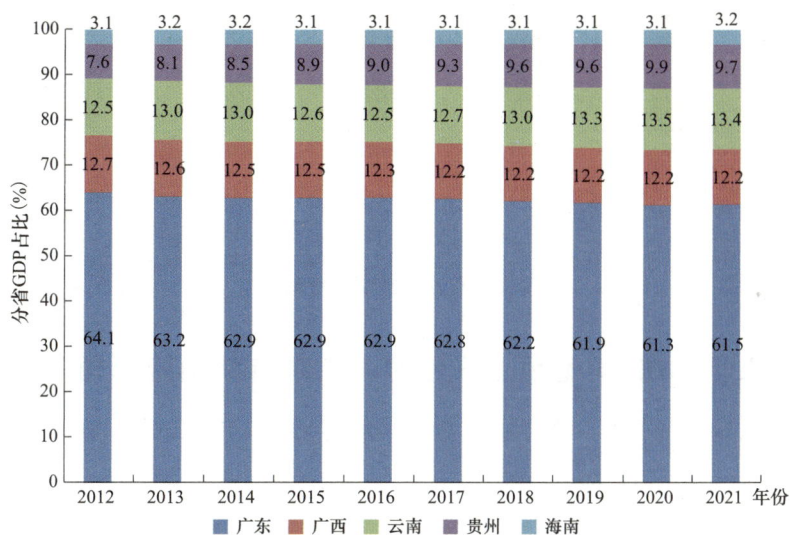

图 4-1　2012—2021 年南方五省区 GDP 占比

数据来源：国家统计局

南方五省区产业结构持续优化，广东、海南第三产业占比高于全国水平 (53.3％)。2021 年，广东、广西、云南、贵州、海南第二产业占各省 GDP 比重分别为 40.4％、33.1％、35.3％、35.7％、19.1％，同比分别提升 0.9、1.2、1.2、0.6、-0.1 个百分点，其中广东第二产业占比高于全国 1.0 个百分点。广东、广西、云南、贵州、海南第三产业占比分别为 55.6％、50.7％、50.4％、50.4％、61.5％，广东、广西、云南、贵州占比同比分别下降 0.7、1.0、0.7、0.3 个百分点，海南占比同比上升 1.2 个百分点，其中广东、海南第三产业占比高于全国水平 2.3、8.2 个百分点。2021 年南方五省区经济结构如图 4-2 所示。

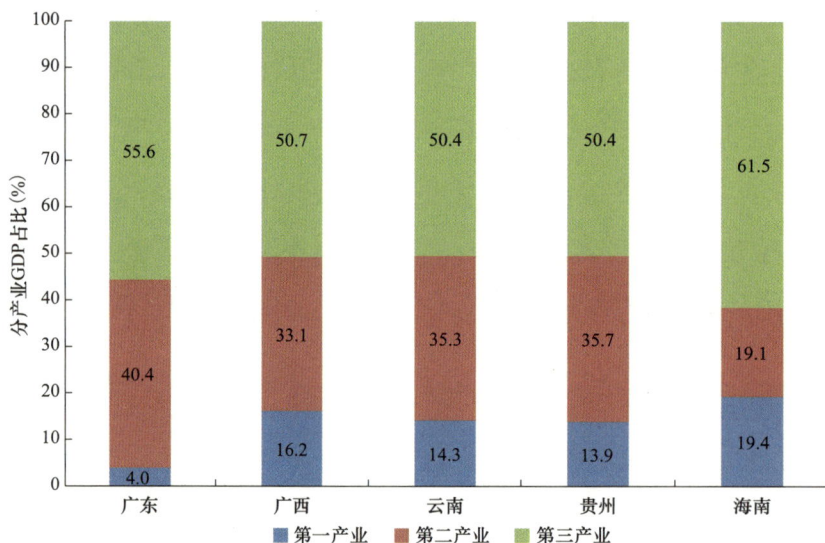

图 4-2　2021 年南方五省区经济结构

数据来源：国家统计局

五省区人均 GDP 均呈现上升趋势，广东持续领跑全国。2021 年，广东、广西、云南、贵州、海南人均 GDP 分别为 98 285、49 206、57 686、50 808、63 707 元，同比分别增加 9764、4969、5639、4453、8269 元。广东高于全国平均水平 17 309 元，广西、云南、贵州、海南分别比全国平均水平低 31 770、23 290、30 168、17 269 元。2012—2021 年南方五省区及全国人均 GDP 如图 4-3 所示。

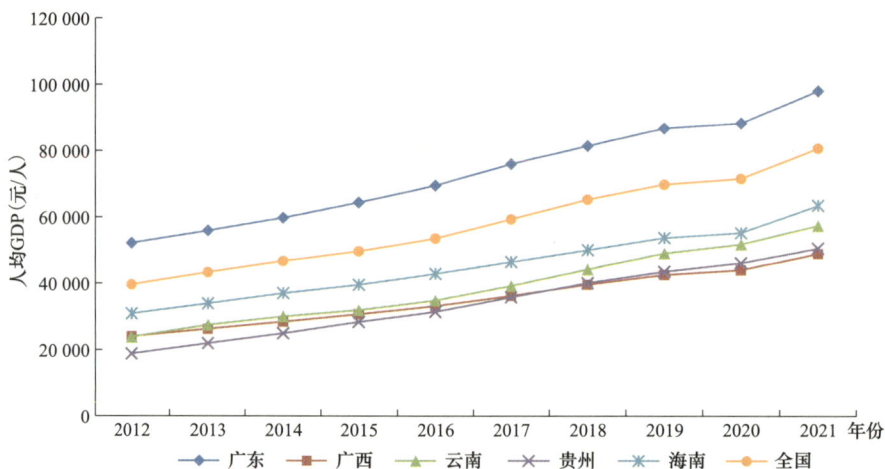

图 4-3　2012—2021 年南方五省区及全国人均 GDP

4.2　南方五省区能源供需[1]

4.2.1　南方五省区能源需求

南方五省区能源消费总量延续增长态势，占全国比重进一步提升。2020年，南方五省区能源消费总量 7.0 亿 t 标准煤，同比增长 4.8%，增速同比提升 1.0 个百分点，高于 2020 年全国能源消费增速 2.6 个百分点，占全国能源消费的 14.2%，比 2019 年提升 0.4 个百分点。2011—2020 年，南方五省区能源消费年平均增长率 3.5%，2011—2020 年南方五省区能源消费总量、增速及占全国比重如图 4-4 所示。

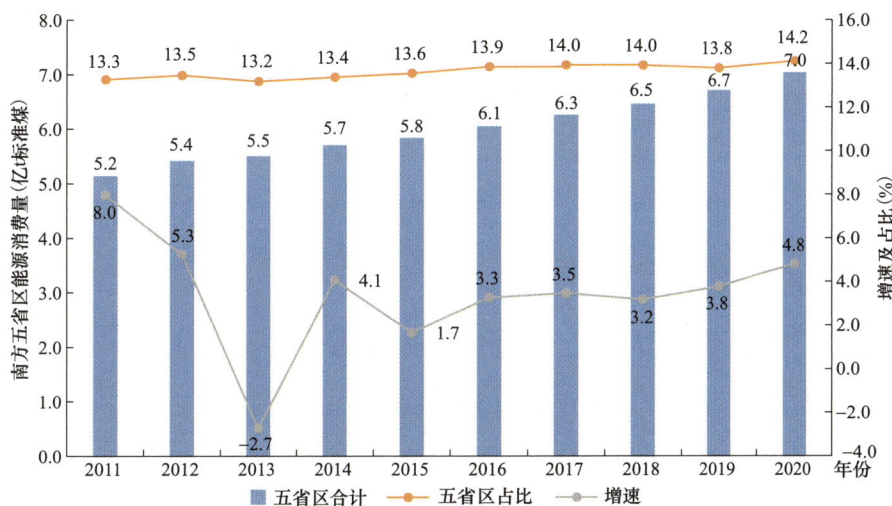

图 4-4　2011—2020 年南方五省区能源消费总量、增速及占全国比重

数据来源：各省统计局、发改委

南方五省区非化石能源消费占比持续提升，高于全国水平。2020 年，南方五省区煤炭消费占能源消费总量的 41.1%，同比下降 3.2 个百分点，

---

[1]　南方五省区能源总体情况数据及煤炭、石油、天然气生产消费数据来源于《中国能源统计年鉴》及南方五省区各省统计年鉴，目前官方数据只更新到 2020 年，因此 4.2～4.5 节中着重对 2011—2020 年南方五省区能源数据进行统计分析。

低于全国 15.7 个百分点；石油消费占比 21.5%，同比下降 0.4 个百分点，高于全国 2.6 个百分点；天然气消费占比 7.0%，同比提升 1.0 个百分点，低于全国 1.4 个百分点；非化石能源消费占比 30.5%，同比提升 1.9 个百分点，高于全国 14.6 个百分点。2011—2020 年南方五省区能源消费结构如图4-5 所示。

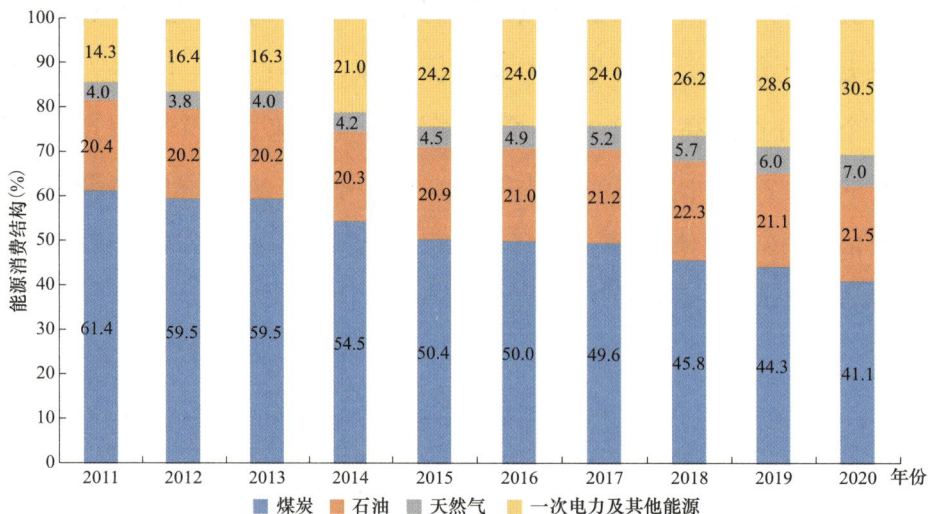

图 4-5　2011—2020 年南方五省区能源消费结构

数据来源：根据《中国能源统计年鉴》及各省统计年鉴折算

广东、广西占比总体呈上升趋势，贵州占比下降。2020 年，广东、广西、云南、贵州、海南能源消费总量分别为 3.3 亿、1.2 亿、1.3 亿、1.1 亿、0.2 亿 t 标准煤。与 2011 年相比，广东、广西能源消费占比分别提升 1.2、1.2 个百分点，贵州下降 2.6 个百分点，云南、海南占比基本持平。2011—2020 年南方五省区能源消费总量及增速见表 4-2，2011—2020 年南方五省区能源消费总量占比如图 4-6 所示。

表 4-2　　　　2011—2020 年南方五省区能源消费总量

及增速　　　　　单位：亿 t 标准煤，%

年份	2011	2012	2013	2014	2015	2016	2017	2018	2019	2020
广东	2.3	2.4	2.5	2.6	2.7	2.8	2.9	3.0	3.1	3.3
增速	5.8	2.3	−2.3	3.9	1.9	3.6	3.5	3.1	3.2	5.4

年份	2011	2012	2013	2014	2015	2016	2017	2018	2019	2020
广西	0.8	0.9	0.9	1.0	1.0	1.0	1.0	1.1	1.1	1.2
增速	8.5	6.6	−0.6	4.6	2.6	3.4	3.6	3.5	4.1	4.8
云南	1.0	1.0	1.0	1.1	1.0	1.1	1.1	1.2	1.2	1.3
增速	10.0	9.4	−3.5	3.8	−0.9	2.9	4.1	4.4	4.9	6.8
贵州	0.9	1.0	0.9	1.0	0.9	1.0	1.0	1.0	1.0	1.1
增速	10.9	8.9	−5.9	4.4	2.5	2.8	2.5	1.9	3.9	1.9
海南	0.2	0.2	0.2	0.2	0.2	0.2	0.2	0.2	0.2	0.2
增速	17.8	5.4	1.9	5.8	6.5	3.5	4.8	4.4	4.3	0.3
合计	5.2	5.4	5.5	5.7	5.8	6.1	6.3	6.5	6.7	7.0
增速	8.0	5.3	−2.7	4.1	1.7	3.3	3.5	3.2	3.8	4.8

数据来源：《中国能源统计年鉴》及各省统计年鉴

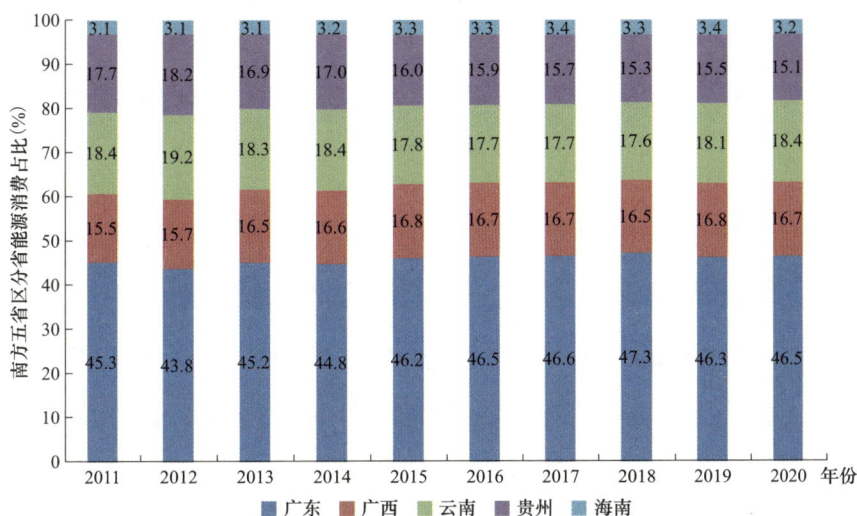

图 4-6　2011—2020 年南方五省区能源消费总量占比

数据来源：各省统计局、发改委

4.2.2　南方五省区能源供应

南方五省区一次能源生产总量有所下滑。2020 年，南方五省区一次能源生产总量 3.8 亿 t 标准煤，同比下降 0.3%，增速同比降低 5.3 个百分点，低于全国 2020 年一次能源生产增速 3.1 个百分点，占全国一次能源生产总量的

9.2%，比上年下降0.3个百分点。2011—2020年，南方五省区一次能源产量年平均增长率3.1%，占全国比重连续4年下降。2011—2020年南方五省区一次能源生产总量、增速及占全国比重如图4-7所示。

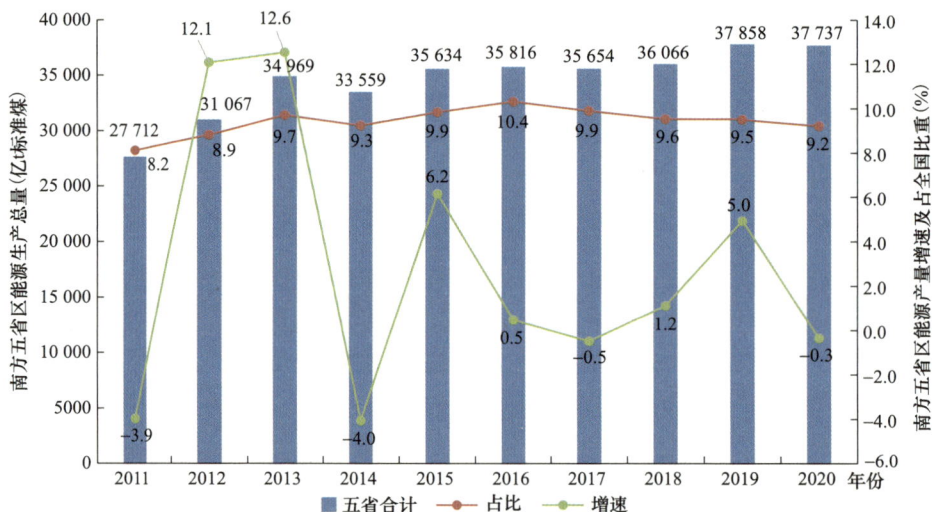

图4-7　2011—2020年南方五省区一次能源生产总量、增速及占全国比重

数据来源：《中国能源统计年鉴》及各省统计年鉴

非化石能源产量占比逐年提升。2020年，南方五省区原煤产量12 239万t标准煤，同比下降5.8%，占一次能源生产总量比重为32.4%，比上年回落1.9个百分点；原油产量2418万t标准煤，同比增长6.6%，占比6.4%，比上年提升0.4个百分点；天然气产量1806万t标准煤，同比增长18.4%，占比4.8%，比上年提升0.8个百分点；一次电力及其他能源产量21 273万t标准煤，同比增长1.0%，占比56.4%，比上年提升0.7个百分点。2011—2020年南方五省区分品类一次能源产量及增速见表4-3，2011—2020年南方五省区一次能源生产结构如图4-8所示。

表4-3　　　2011—2020年南方五省区分品类一次能源产量及增速　　　单位：万t标准煤，%

年份		2011	2012	2013	2014	2015	2016	2017	2018	2019	2020
原煤	产量	17 913	19 887	20 333	16 228	15 514	14 872	14 594	13 189	12 986	12 239
	增速	-0.5	11.0	2.2	-20.2	-4.4	-4.1	-1.9	-9.6	-1.5	-5.8

续表

年份		2011	2012	2013	2014	2015	2016	2017	2018	2019	2020
原油	产量	1679	1757	1946	1904	2362	2333	2156	2108	2269	2418
	增速	-10.3	4.7	10.7	-2.1	24.0	-1.2	-7.6	-2.2	7.6	6.6
天然气	产量	1119	1119	1023	1124	1304	1104	1241	1398	1526	1806
	增速	6.2	0.0	-8.5	9.9	16.0	-15.4	12.4	12.7	9.2	18.4
一次电力及其他	产量	7013	8288	11 654	14 326	16 434	17 513	17 672	19 382	21 070	21 273
	增速	-11.5	18.2	40.6	22.9	14.7	6.6	0.9	9.7	8.7	1.0

数据来源:《中国能源统计年鉴》及各省统计年鉴

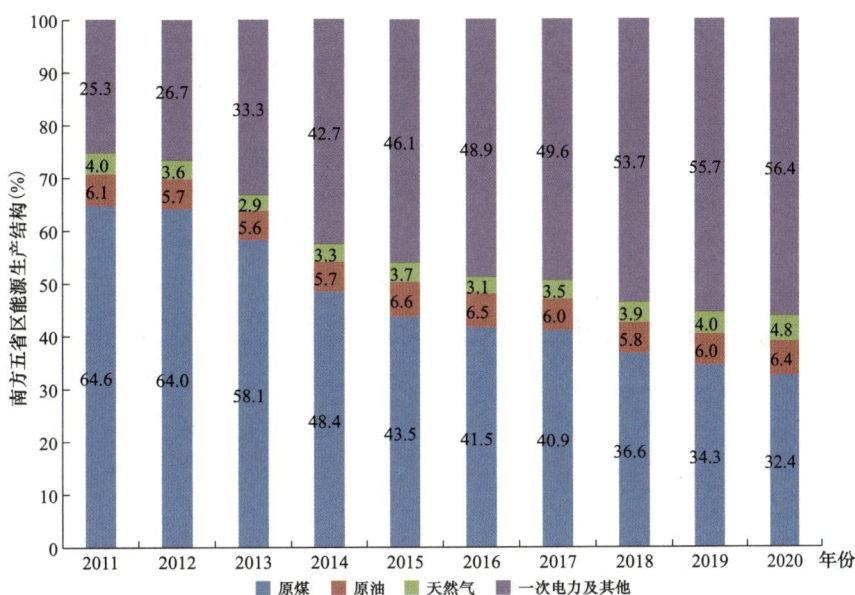

图 4-8　2011—2020 年南方五省区一次能源生产结构

数据来源:《中国能源统计年鉴》及各省统计年鉴

云南、贵州为南方五省区一次能源主要产地,但合计占比逐年下降。 2020 年广东、广西、云南、贵州、海南一次能源生产总量分别为 8563 万、3800 万、13 731 万、11 171 万、471 万 t 标准煤,同比分别增长 2.2%、5.4%、-0.1%、-3.9%、-4.6%,占南方五省区一次能源生产总量的比重分别为 22.7%、10.1%、36.4%、29.6%、1.2%。2014 年以来,广东、广西、云南、海南一次能源生产总量占南方五省区比重总体呈上升趋势,贵州占比逐年下降。2011—2020 年南方五省区一次能源产量占比如图 4-9 所

83

示，2011－2020年南方五省区一次能源产量及增速见表4-4。

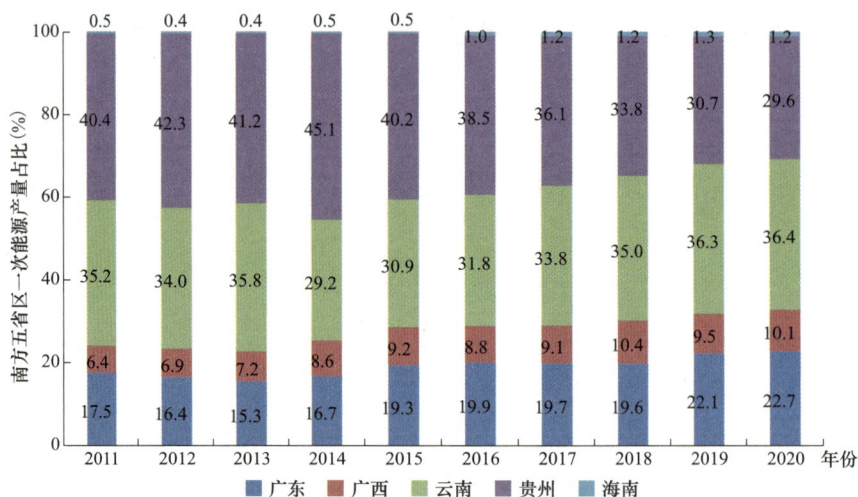

图4-9　2011－2020年南方五省区一次能源产量占比

数据来源：《中国能源统计年鉴》及各省统计年鉴

表4-4　　　　　　2011－2020年南方五省区一次能源产量及增速

单位：万t标准煤，%

年份	2011	2012	2013	2014	2015	2016	2017	2018	2019	2020
广东	4847	5089	5365	5595	6863	7138	7037	7079	8377	8563
增速	－0.2	5.0	5.4	4.3	22.7	4.0	－1.4	0.6	18.3	2.2
广西	1777	2130	2517	2870	3274	3147	3255	3757	3605	3800
增速	－9.0	19.9	18.2	14.0	14.1	－3.9	3.4	15.4	－4.1	5.4
云南	9753	10 578	12 532	9805	11 005	11 382	12 060	12 619	13 751	13 731
增速	10.5	8.5	18.5	－21.8	12.2	3.4	6.0	4.6	9.0	－0.1
贵州	11 191	13 136	14 404	15 136	14 323	13 791	12 888	12 186	11 630	11 171
增速	－14.6	17.4	9.7	5.1	－5.4	－3.7	－6.5	－5.4	－4.6	－3.9
海南	144	134	151	153	169	358	413	425	494	471
增速	24.1	－6.9	12.7	1.3	－2.6	121.5	16.4	10.4	15.1	－4.6
五省区合计	27 712	31 067	34 969	33 559	35 634	35 816	35 654	36 066	37 858	37 737
增速	－3.9	12.1	12.6	－4.0	6.1	0.5	－0.5	1.2	5.0	－0.3

数据来源：《中国能源统计年鉴》及各省统计年鉴

4.2.3　南方五省区能源供需平衡情况

南方五省区一次能源产能有限，能源自给率维持在**50%**左右。2020年，南方五省区一次能源生产总量 3.8 亿 t 标准煤，远低于能源消费量 7.0 亿 t 标准煤，能源自给率为 53.5%。分省看，云南一次能源生产能力高于消费需求，贵州能源供需一致，广东、广西、海南能源供给主要依赖进口或省外调入，能源自给率分别为 26.1%、32.2%、20.8%。2011—2020 年南方五省区能源供需情况如图 4‑10 所示，2020 年南方五省区能源供需情况如图 4‑11 所示。

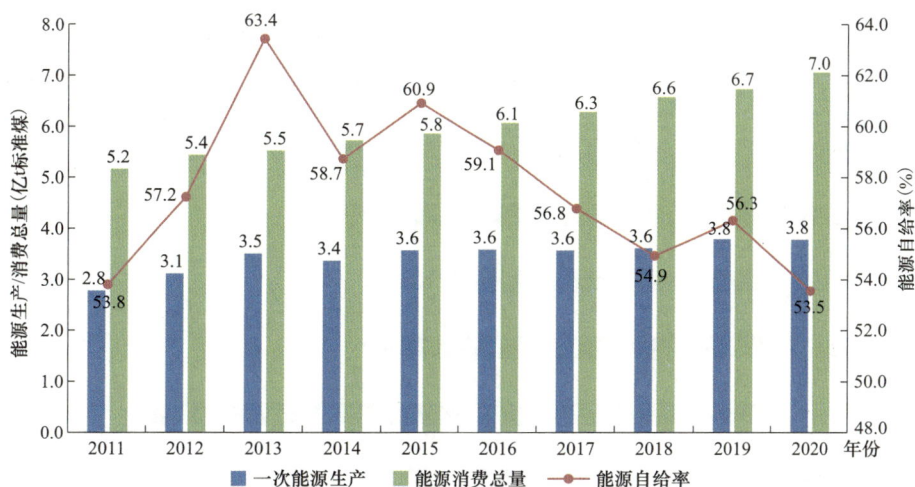

图 4‑10　2011—2020 年南方五省区能源供需情况

数据来源：《中国能源统计年鉴》及各省统计年鉴

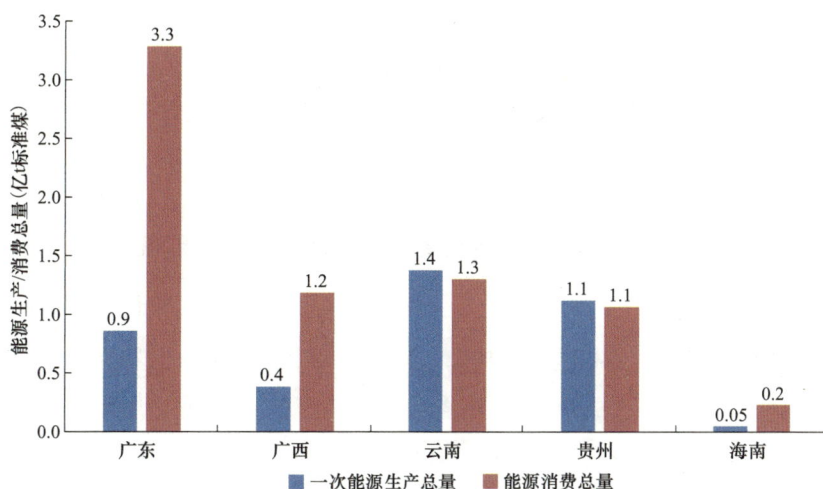

图 4‑11　2020 年南方五省区能源供需情况

数据来源：《中国能源统计年鉴》及各省统计年鉴

4.2.4 南方五省区能源关键指标

南方五省区整体能源利用效率高于全国平均水平。2020 年，南方五省区单位产值能耗 0.48t 标准煤/万元（2010 年可比价），明显低于全国 0.62t 标准煤/万元的平均水平。其中，2020 年广东、广西、海南单位产值能耗分别为0.35、0.57、0.53t 标准煤/万元，单位产值能耗分别低于全国 0.27、0.05、0.09t 标准煤；云南、贵州单位产值能耗为 0.73、0.85t 标准煤/万元，单位产值能耗分别高于全国 0.11、0.23t 标准煤。2020 年全国及南方五省区单位产值能耗如图 4 - 12 所示，2011—2020 年全国及南方五省区单位产值能耗见表 4 - 5。

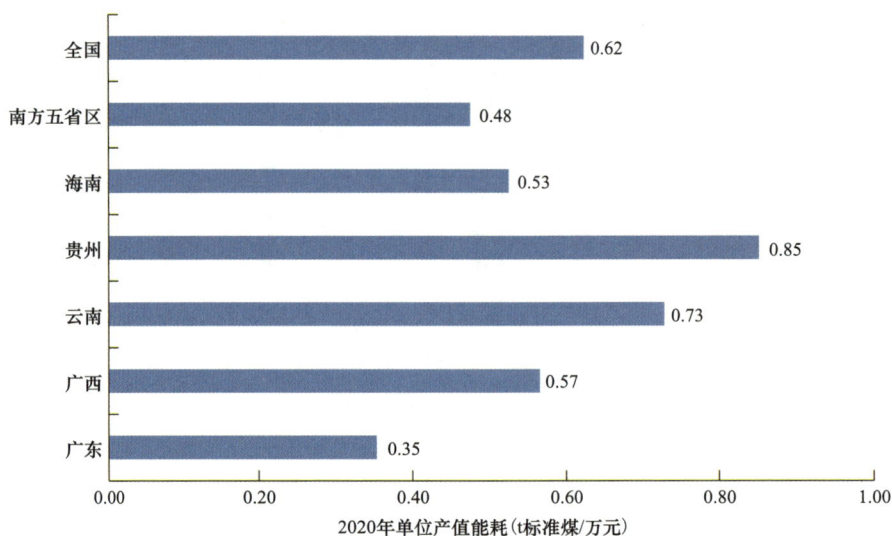

图 4 - 12 2020 年全国及南方五省区单位产值能耗（2010 年可比价）

数据来源：根据国家统计局数据折算

表 4 - 5 2011—2020 年全国及南方五省区单位产值能耗

单位：t 标准煤/万元

年份	2011	2012	2013	2014	2015	2016	2017	2018	2019	2020
广东	0.56	0.53	0.48	0.46	0.44	0.42	0.40	0.39	0.38	0.35
广西	0.74	0.71	0.69	0.67	0.63	0.61	0.59	0.57	0.56	0.57
云南	1.16	1.12	0.97	0.93	0.85	0.81	0.76	0.73	0.71	0.73
贵州	1.72	1.65	1.37	1.29	1.13	1.05	0.97	0.91	0.87	0.85
海南	0.69	0.67	0.62	0.61	0.60	0.58	0.56	0.55	0.54	0.53

年份	2011	2012	2013	2014	2015	2016	2017	2018	2019	2020
南方五省区	0.74	0.71	0.63	0.61	0.57	0.55	0.53	0.50	0.49	0.48
全国	0.86	0.83	0.79	0.76	0.71	0.68	0.65	0.63	0.62	0.62

数据来源：根据国家统计局数据折算

广东、海南单位产值电耗低于全国平均水平。2020 年，南方五省区单位产值耗电量 881kWh，低于全国 60.3kWh。分省看，广东、海南单位产值电耗 746kWh/万元、838kWh/万元，单位产值耗电量低于全国 195kWh、103kWh；广西、云南、贵州单位产值电耗分别为 971、1137、1272kWh/万元，单位产值耗电量分别高于全国 30kWh、196kWh、331kWh。贵州、海南单位产值耗电量同比下降 18.7、12.1kWh，广东、广西、云南同比回升 8.2、22.7、79.1kWh。2020 年全国及南方五省区单位产值电耗如图 4 - 13 所示，2011－2020 年全国及南方五省区单位产值电耗见表 4 - 6。

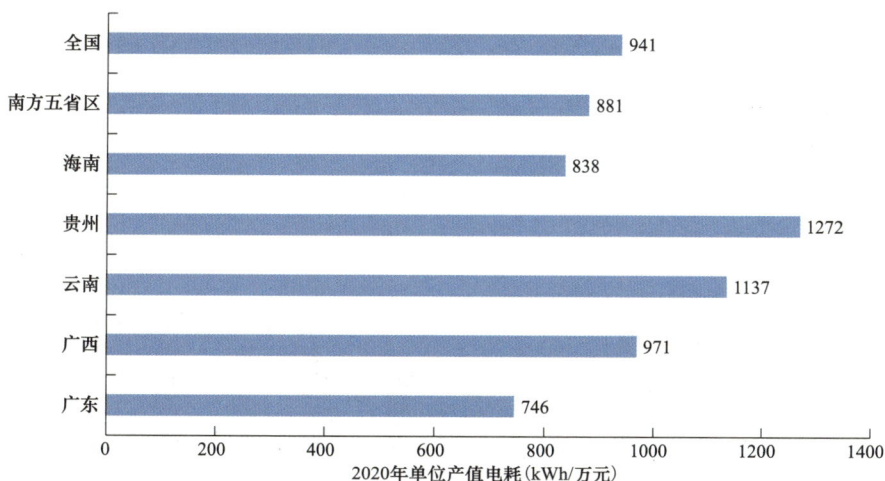

图 4 - 13　2020 年全国及南方五省区单位产值电耗（2010 年可比价）

数据来源：根据国家及各省统计局数据折算

表 4 - 6　　2011－2020 年全国及南方五省区单位产值电耗　单位：kWh/万元

年份	2011	2012	2013	2014	2015	2016	2017	2018	2019	2020
广东	869	843	813	817	768	754	745	740	738	746
广西	1035	965	938	915	863	820	813	898	948	971
云南	1466	1418	1403	1359	1177	1062	1057	1060	1058	1137

续表

年份	2011	2012	2013	2014	2015	2016	2017	2018	2019	2020
贵州	1784	1741	1665	1567	1415	1355	1371	1344	1290	1272
海南	817	833	837	838	839	823	818	829	850	838
南方五省区	1021	993	967	958	888	856	851	860	863	881
全国	1042	1020	1018	987	943	927	923	937	929	941

数据来源：根据国家及各省统计局数据折算

4.3 南方五省区煤炭供需

4.3.1 南方五省区煤炭需求

南方五省区煤炭消费总量较为平稳。2020 年南方五省区煤炭消费量 4.6 亿 t，同比增长 0.4%，增速同比下降 1.3 个百分点。2011 年以来，南方五省区煤炭消费量总体呈下降趋势，2015 年达到近十年内最低消费水平，2016 年以来煤炭消费量基本维持在 4.5 亿 t 左右。2011—2020 年南方五省区煤炭消费总量及增速情况如图 4-14 所示。

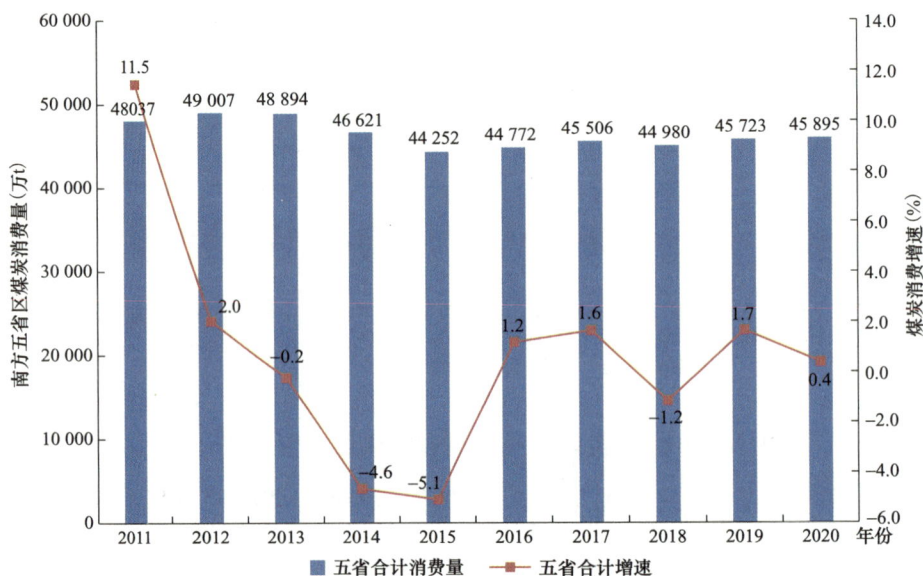

图 4-14　2011—2020 年南方五省区煤炭消费总量及增速情况

数据来源：《中国能源统计年鉴》

　　广西、云南煤炭消费量连续三年快速增长，广东、贵州、海南煤炭消费量负增长。分省看，2020 年广东、贵州、海南煤炭消费量分别为 16 514 万 t、11 659 万 t、1024 万 t，同比分别减少 1.9%、4.5%、9.4%，分别占南方五省区煤炭消费总量的 36.0%、25.4%、2.2%；广西、云南煤炭消费量 8497 万 t、8201 万 t，同比分别增长 5.9%、8.9%，分别占南方五省区煤炭消费总量的 18.5%、17.9%。2011—2020 年南方五省区煤炭消费量占比如图 4 - 15 所示，2011—2020 年南方五省区煤炭消费量及增速见表 4 - 7。

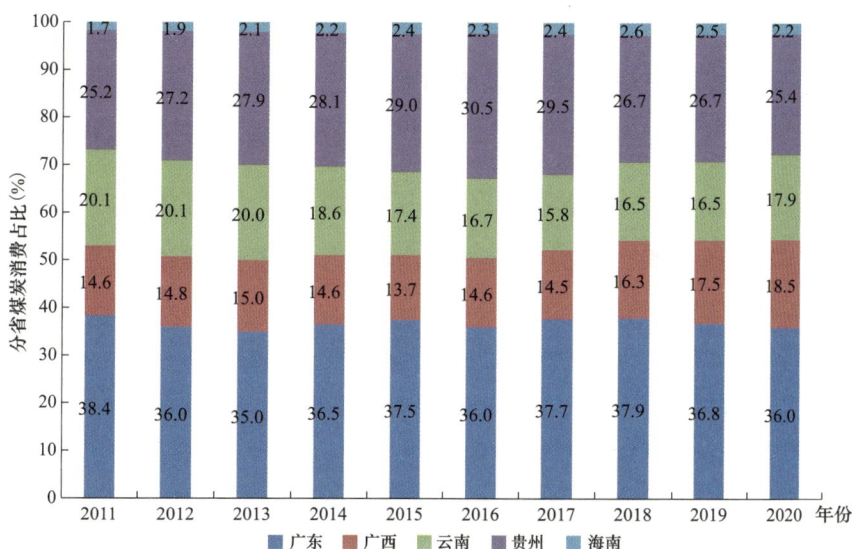

图 4 - 15　2011—2020 年南方五省区煤炭消费量占比

数据来源：《中国能源统计年鉴》

表 4 - 7　　　　　　　2011—2020 年南方五省区煤炭消费量及增速　　　单位：万 t，%

年份	2011	2012	2013	2014	2015	2016	2017	2018	2019	2020
广东	18 439	17 634	17 107	17 014	16 587	16 135	17 172	17 068	16 834	16 514
增速	15.4	−4.4	−3	−0.5	−2.5	−2.7	6.4	−0.6	−1.4	−1.9
广西	7033	7264	7344	6797	6047	6518	6613	7340	8022	8497
增速	13.3	3.3	1.1	−7.5	−11	7.8	1.5	11	9.3	5.9
云南	9664	9850	9783	8675	7713	7461	7211	7402	7533	8201
增速	3.4	1.9	−0.7	−11.3	−11.1	−3.3	−3.3	2.6	1.8	8.9
贵州	12 085	13 328	13 651	13 118	12 833	13 643	13 410	12 008	12 204	11 659
增速	10.8	10.3	2.4	−3.9	−2.2	6.3	−1.7	−10.5	1.6	−4.5

续表

年份	2011	2012	2013	2014	2015	2016	2017	2018	2019	2020
海南	815	931	1009	1018	1072	1015	1099	1163	1130	1024
增速	26	14.2	8.4	0.9	5.3	−5.3	8.3	5.8	−2.8	−9.4
五省区合计	43 095	48 037	49 007	48 894	46 621	44 252	44 772	45 506	45 723	45 895
增速	11.5	2	−0.2	−4.6	−5.1	1.2	1.6	−1.2	1.7	0.4

数据来源：《中国能源统计年鉴》及各省统计年鉴

4.3.2　南方五省区煤炭供应

南方五省区煤炭产量连续七年负增长。2020年南方五省区煤炭产量1.8亿t，同比减少5.8%，增速同比下降4.3个百分点。2011年以来，南方五省区煤炭产量呈先增后降趋势，2013年达到近十年内最高水平，2014年以来煤炭产量持续下降。2011—2020年南方五省区煤炭产量及增速情况如图4-16所示。

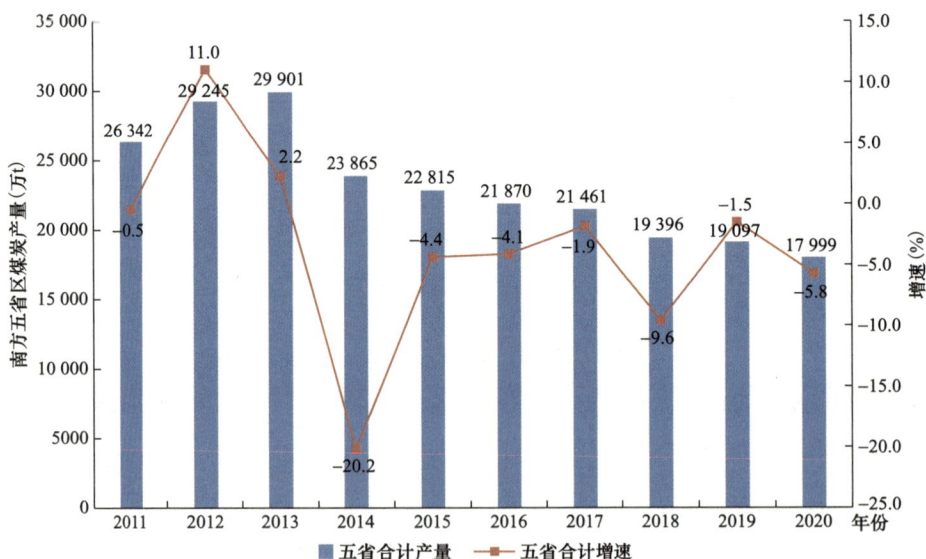

图4-16　2011—2020年南方五省区煤炭产量及增速情况

数据来源：《中国能源统计年鉴》

云南、贵州是南方五省区煤炭的主要产区，贵州煤炭产量逐年下降。分省看，2020年广西煤炭产量414万t，同比增长1.9%，占南方五省区煤炭生产总量的 2.3%；云南煤炭产量 5530 万 t，同比增长 0.1%，占比 30.7%；贵州煤炭产量 12 055 万 t，同比下降 8.4%，连续第七年负增长，占比 67.0%。2011—2020 年南方五省区煤炭产量占比如图 4-17 所示，2011—2020 年南方五省区煤炭产量及增速见表 4-8。

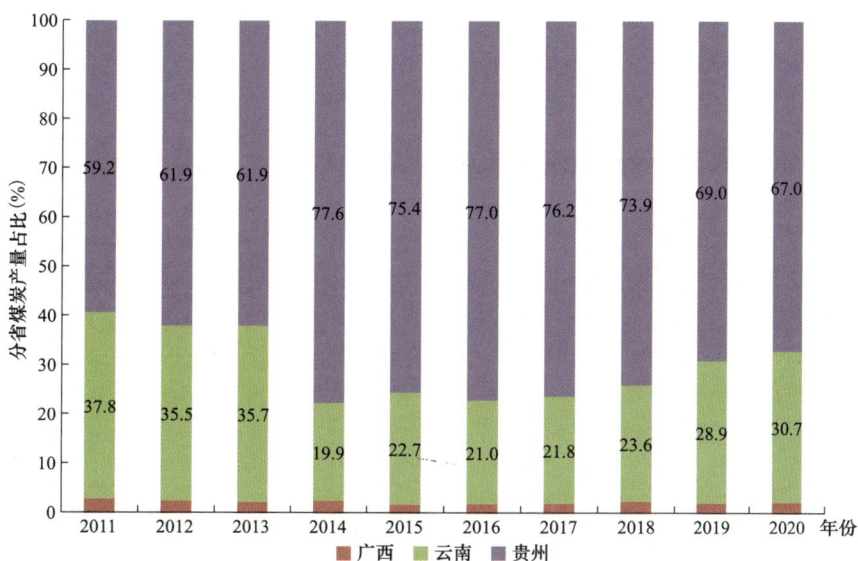

图 4-17　2011—2020 年南方五省区煤炭产量占比

数据来源：《中国能源统计年鉴》

表 4-8　　　　　2011—2020 年南方五省区煤炭产量及增速　　　　单位：万 t，%

年份	2011	2012	2013	2014	2015	2016	2017	2018	2019	2020
广东	—	—	—	—	—	—	—	—	—	—
增速	—	—	—	—	—	—	—	—	—	—
广西	784	754	697	615	425	433	443	488	406	414
增速	3.5	-3.8	-7.5	-11.7	-30.9	1.7	2.4	10.2	-16.8	1.9
云南	9957	10 385	10 686	4741	5184	4587	4675	4573	5523	5530
增速	2.0	4.3	2.9	-55.6	9.4	-11.5	1.9	-2.2	20.8	0.1
贵州	15 601	18 107	18 518	18 508	17 205	16 851	16 344	14 335	13 168	12 055
增速	-2.2	16.1	2.3	-0.1	-7.0	-2.1	-3.0	-12.3	-8.1	-8.4
海南	—	—	—	—	—	—	—	—	—	—
增速	—	—	—	—	—	—	—	—	—	—

续表

年份	2011	2012	2013	2014	2015	2016	2017	2018	2019	2020
五省区合计	26 342	29 245	29 901	23 865	22 815	21 870	21 461	19 396	19 097	17 999
增速	−0.5	11.0	2.2	−20.2	−4.4	−4.1	−1.9	−9.6	−1.5	−5.8

数据来源：《中国能源统计年鉴》及各省统计年鉴

4.3.3 南方五省区煤炭供需平衡情况

南方五省区煤炭自给率连续五年下降。2020 年，南方五省区煤炭自给率 39.2%，同比下降 2.6 个百分点。2011 年以来，南方五省区煤炭自给率先增后降，2013 年达到最高水平。2011—2020 年南方五省区煤炭生产/消费情况及煤炭自给率如图 4-18 所示。

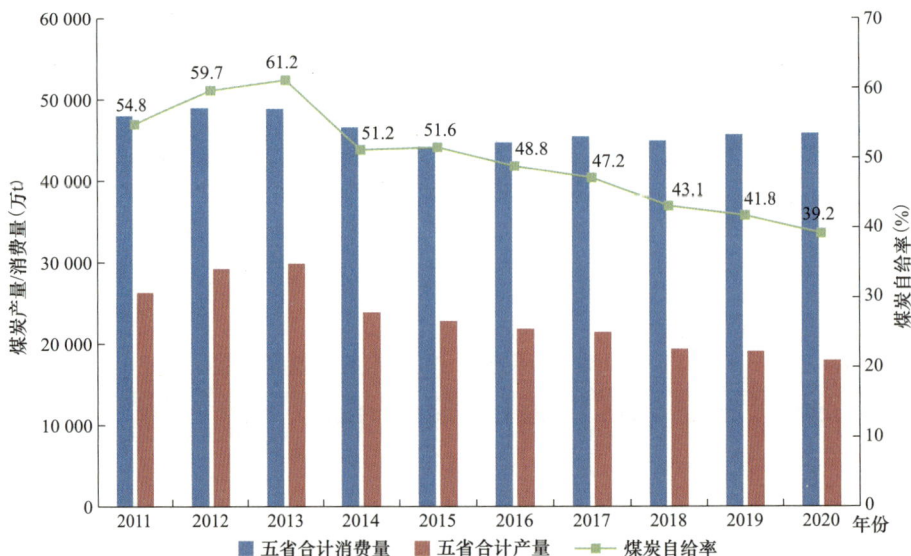

图 4-18　2011—2020 年南方五省区煤炭生产/消费情况及煤炭自给率

数据来源：《中国能源统计年鉴》及各省统计年鉴

贵州煤炭产量高于本省消费需求，其余四省不同程度依赖外省调入或进口。2020 年，贵州煤炭自给率 103.4%，供应能力高于消费需求；云南煤炭自给率 67.4%，对外省和进口煤炭依赖度较低；广西、海南、广东三省煤炭需求主要依靠省外调入或进口。2020 年南方五省区煤炭生产/消费情况如图 4-19 所示。

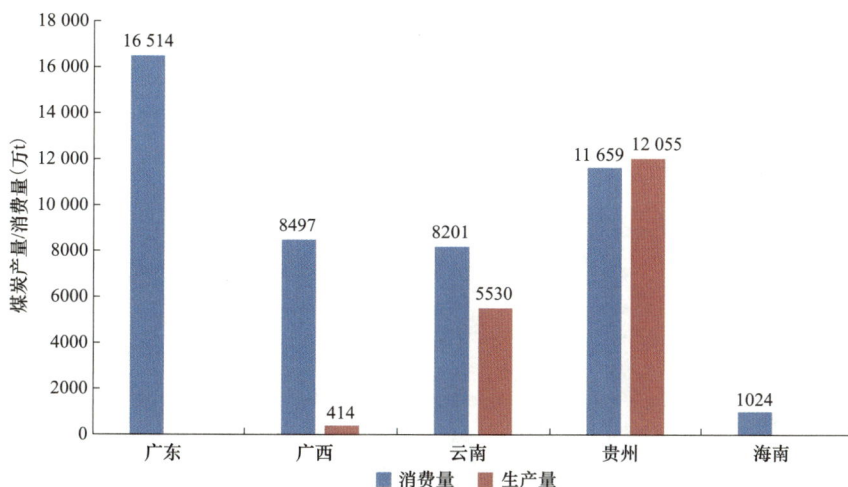

图 4‐19　2020 年南方五省区煤炭生产/消费情况

数据来源：《中国能源统计年鉴》及各省统计年鉴

4.4　南方五省区石油供需

4.4.1　南方五省区石油需求

南方五省区石油消费量负增长，增速持续放缓。2020 年南方五省区石油消费量 1.1 亿 t，同比下降 1.7%，增速同比回落 2.0 个百分点。2011 年以来，南方五省区石油消费量总体呈上升趋势，但 2015 年以来增速逐年放缓，2011—2020 年年均增长率 2.5%。2011—2020 年南方五省区石油消费量及增速情况如图 4‐20 所示。

云南、贵州石油消费量保持正增长，广东、广西、海南石油消费量负增长。分省看，2020 年广东、广西、海南石油消费量分别为 6192 万、1073 万、502 万 t，同比分别减少 3.5%、3.4%、1.2%，分别占南方五省区石油消费总量的 58.8%、10.2%、4.8%；云南、贵州石油消费量分别为 1536 万、1228 万 t，同比分别增长 1.9%、4.7%，分别占南方五省区石油消费总量的 14.6%、11.7%。2011 年以来，云南、贵州石油消费占南方五省区消费总量比重总体呈上升趋势，广东占比逐年下降，广西占比先升后降，海南占比总体平稳。2011—2020 年南方五省区石油消费量占比如图 4-21 所示，2011—2020 年南方五省区石油消费量及增速见表 4-9。

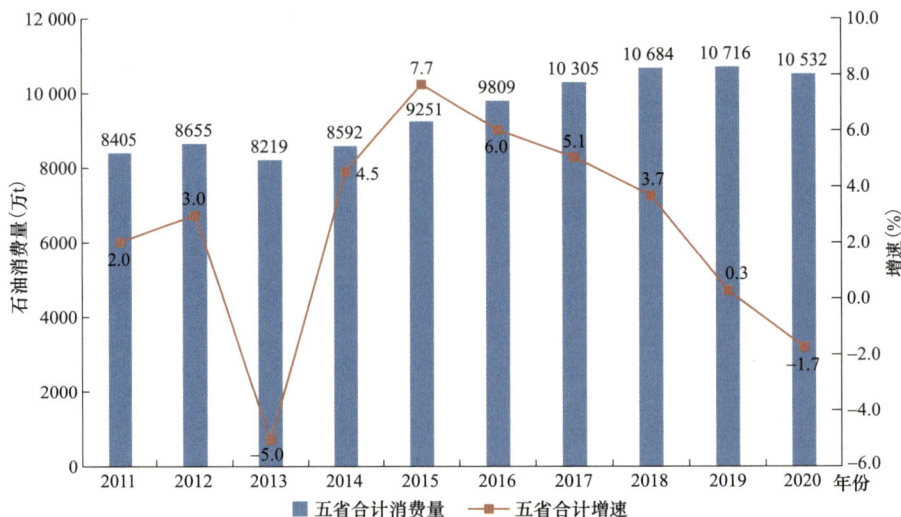

图 4-20　2011—2020 年南方五省区石油消费量及增速情况

数据来源：《中国能源统计年鉴》

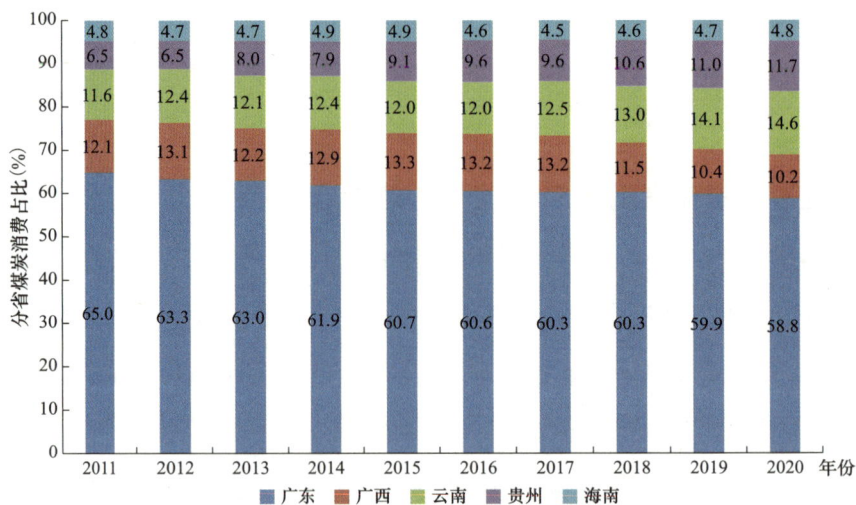

图 4-21　2011—2020 年南方五省区石油消费量占比

数据来源：《中国能源统计年鉴》

表 4-9　　　　2011—2020 年南方五省区石油消费量及增速　　　单位：万 t，%

年份	2011	2012	2013	2014	2015	2016	2017	2018	2019	2020
广东	5462	5481	5178	5320	5619	5942	6212	6443	6417	6192
增速	-1.8	0.3	-5.5	2.7	5.6	5.7	4.5	3.7	-0.4	-3.5

年份	2011	2012	2013	2014	2015	2016	2017	2018	2019	2020
广西	1019	1132	999	1109	1228	1299	1356	1227	1111	1073
增速	14.5	11.1	-11.8	11.1	10.7	5.8	4.3	-9.5	-9.5	-3.4
云南	975	1070	996	1061	1108	1174	1290	1391	1507	1536
增速	8.5	9.7	-6.9	6.5	4.4	5.9	9.8	7.9	8.3	1.9
贵州	546	562	658	683	842	945	988	1137	1174	1228
增速	10.6	2.9	17.1	3.8	23.3	12.1	4.5	15.1	3.2	4.7
海南	402	410	387	419	453	449	460	487	508	502
增速	2.8	1.9	-5.5	8.1	8.2	-1	2.6	5.7	4.3	-1.2
五省区合计	8405	8655	8219	8592	9251	9809	10 305	10 684	10 716	10 532
增速	2	3	-5	4.5	7.7	6	5.1	3.7	0.3	-1.7

数据来源：《中国能源统计年鉴》及各省统计年鉴

4.4.2　南方五省区石油供给

南方五省区原油产量增速有所放缓。2020 年南方五省区原油产量 1692 万 t，同比增长 6.6%，增速同比下降 1.0 个百分点。2011 年以来，南方五省区原油产量总体呈波动上升趋势，2011—2020 年年均增长率 4.1%。2011—2020 年南方五省区原油产量及增速情况如图 4-22 所示。

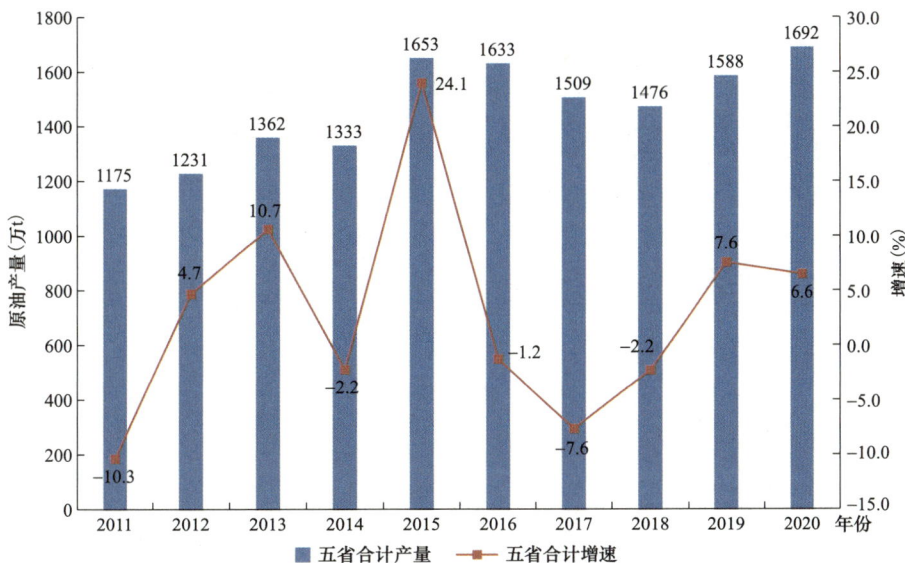

图 4-22　2011—2020 年南方五省区原油产量及增速情况

数据来源：《中国能源统计年鉴》及各省统计年鉴

95

广东是南方五省区原油的主要产区。分省看，2020 年广东原油产量 1613 万 t，同比增长 7.0%，占南方五省区原油生产总量的 95.3%；广西原油产量 49 万 t，同比下降 3.1%，占比 2.9%；海南原油产量 31 万 t，同比增长 0.2%，占比 1.8%。2011—2020 年南方五省区原油产量占比如图 4-23 所示，2011—2020 年南方五省区原油产量及增速见表 4-10。

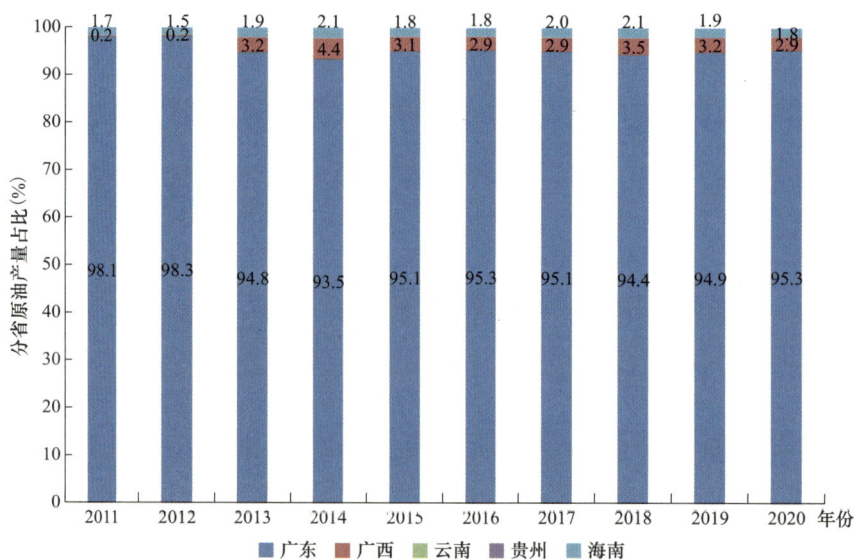

图 4-23　2011—2020 年南方五省区原油产量占比

数据来源：《中国能源统计年鉴》

表 4-10　　　　2011—2020 年南方五省区原油产量及增速　　　单位：万 t，%

年份	2011	2012	2013	2014	2015	2016	2017	2018	2019	2020
广东	1153	1209	1292	1245	1573	1556	1435	1394	1508	1613
增速	-10.4	4.9	6.8	-3.6	26.3	-1	-7.8	-2.9	8.2	7.0
广西	2.3	2.3	43.8	58.7	50.5	47.4	44.1	51.9	50.3	49
增速	-14.8	0	1804.3	34	-14	-6.1	-7	17.7	-3.1	-3.1
云南	—	—	—	—	—	—	—	—	—	—
增速	—	—	—	—	—	—	—	—	—	—
贵州	—	—	—	—	—	—	—	—	—	—
增速	—	—	—	—	—	—	—	—	—	—
海南	19.7	19	26.5	28.5	30	29.4	30	30.4	30.5	31
增速	-1.5	-3.6	39.5	7.5	5.3	-2	2	1.3	0.3	0.2

续表

年份	2011	2012	2013	2014	2015	2016	2017	2018	2019	2020
五省区合计	1175	1231	1362	1333	1653	1633	1509	1476	1588	1692
增速	−10.3	4.7	10.7	−2.2	24.1	−1.2	−7.6	−2.2	7.6	6.6

数据来源:《中国能源统计年鉴》及各省统计年鉴

4.4.3 南方五省区石油供需平衡情况

南方五省区石油自给率有所回升。2020 年,南方五省区石油自给率16.1%,同比提升 1.3 个百分点。2011 年以来,南方五省区石油自给率呈现波动上升趋势。2011—2020 年南方五省区石油生产/消费及石油自给率如图 4-24 所示。

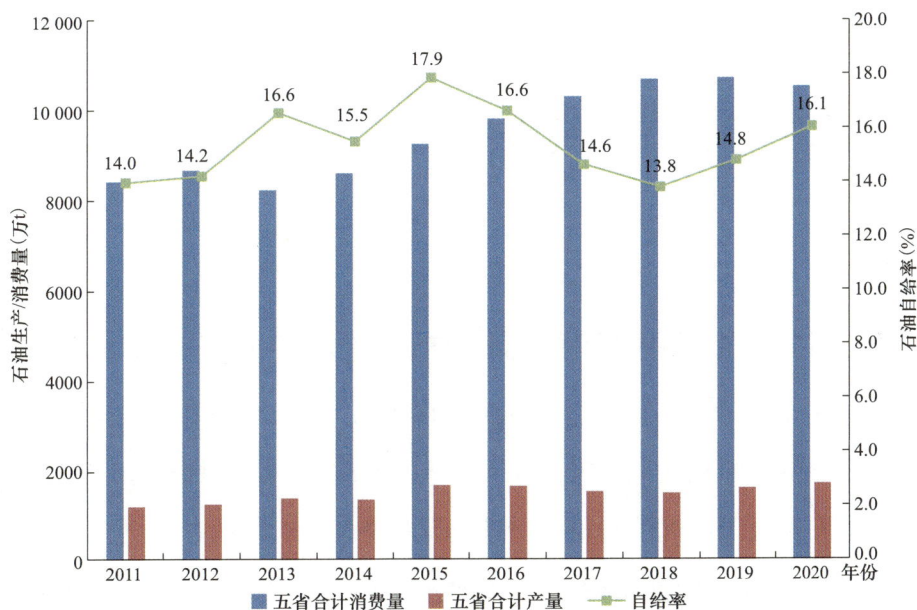

图 4-24 2011—2020 年南方五省区石油生产/消费量及石油自给率

数据来源:《中国能源统计年鉴》及各省统计年鉴

分省看,广东石油自给率 25.8%,高于南方五省区总体水平,其他四省区石油供给几乎全部依赖外省调入或进口。2020 年南方五省区石油生产/消费情况如图 4-25 所示。

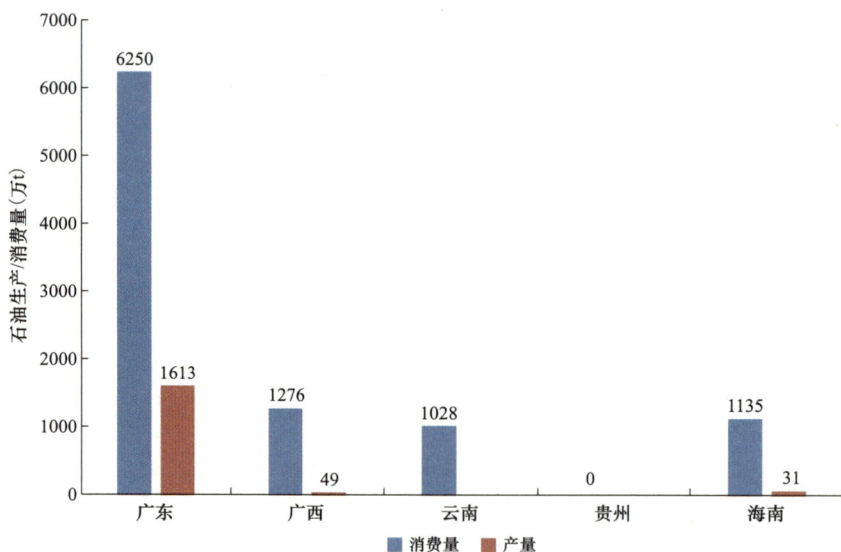

图4-25　2020年南方五省区石油生产/消费情况

数据来源：《中国能源统计年鉴》及各省统计年鉴

4.5　南方五省区天然气供需

4.5.1　南方五省区天然气需求

南方五省区天然气消费量保持高速增长。2020年南方五省区天然气消费量417亿m³，同比增长25.0%，增速同比上升14.4个百分点。2011年以来，南方五省区天然气消费量持续上升，2011—2020年年均增长率10.1%。2011—2020年南方五省区天然气消费量及增速情况如图4-26所示。

各省区天然气消费量均保持较快增长，广东、广西、云南增速超10%。分省看，2020年广东天然气消费量274亿m³，同比增长33.1%，占南方五省区天然气消费总量的65.9%；广西、云南、贵州天然气消费量分别为32亿、20亿、40亿m³，同比分别增长15.1%、20.6%、9.6%，分别占南方五省区天然气消费总量的7.7%、4.8%、9.7%；海南天然气消费量50亿m³，同比增长8.4%，占比12.0%。2011年以来，广东天然气消费占南方五省区消费占比波动上升，广西、云南、贵州占比总体呈上升趋势，海南占比逐年下降。2011—2020 年南方五省区天然气消费量占比如图 4-27 所示，2011—2020 年南方五省区天然气消费量及增速情况见表 4-11。

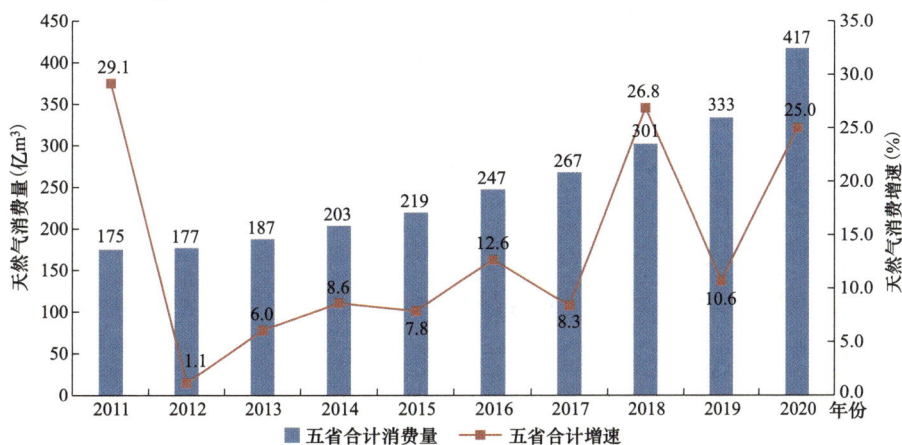

图 4-26　2011—2020 年南方五省区天然气消费量及增速情况

数据来源：《中国能源统计年鉴》

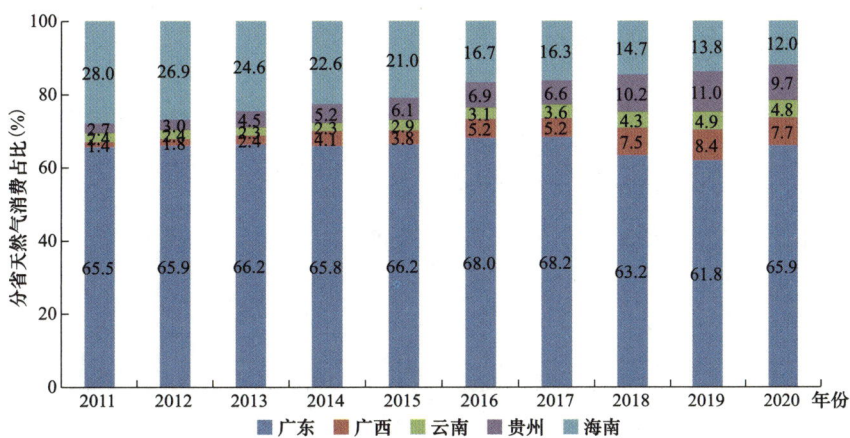

图 4-27　2011—2020 年南方五省区天然气消费量占比

数据来源：《中国能源统计年鉴》

表 4-11　　　　2011—2020 年南方五省区天然气消费量及增速情况

单位：亿 m³,％

年份	2011	2012	2013	2014	2015	2016	2017	2018	2019	2020
广东	115	117	124	134	145	168	182	191	206	274
增速	19.2	1.8	6.5	7.9	8.5	15.6	8.7	4.5	8.2	33.1
广西	2.5	3.2	4.6	8.3	8.4	12.9	14.0	22.7	27.9	32.1
增速	38.9	25.9	43.0	81.3	1.5	54.0	8.8	61.7	22.8	15.1

续表

年份	2011	2012	2013	2014	2015	2016	2017	2018	2019	2020
云南	4.2	4.3	4.3	4.6	6.3	7.7	9.7	13.0	16.5	19.9
增速	15.3	2.4	−0.8	8.4	36.9	21.6	25.7	34.2	26.7	20.6
贵州	4.8	5.3	8.4	10.6	13.3	17.1	17.7	30.8	36.8	40.3
增速	13.6	10.6	60.0	26.1	25.4	28.5	3.6	73.8	19.3	9.6
海南	48.9	47.5	46.0	46.0	46.0	41.3	43.5	44.3	46.2	50.0
增速	64.4	−2.8	−3.1	0	0	−10.2	5.2	1.9	4.2	8.4
五省区合计	175	177	187	203	219	247	267	301	333	417
增速	29.1	1.1	6.0	8.6	7.8	12.6	8.3	26.8	10.6	25.0

数据来源：《中国能源统计年鉴》及各省统计年鉴

4.5.2 南方五省区天然气供给

南方五省区天然气产量保持快速增长。2020年南方五省区天然气产量138亿 m³，同比增长18.4%，增速同比上升9.3个百分点。2011年以来，南方五省区天然气产量总体呈波动上升趋势，2011—2020年年均增长率5.5%。2011—2020年南方五省区天然气产量及增速情况如图4-28所示。

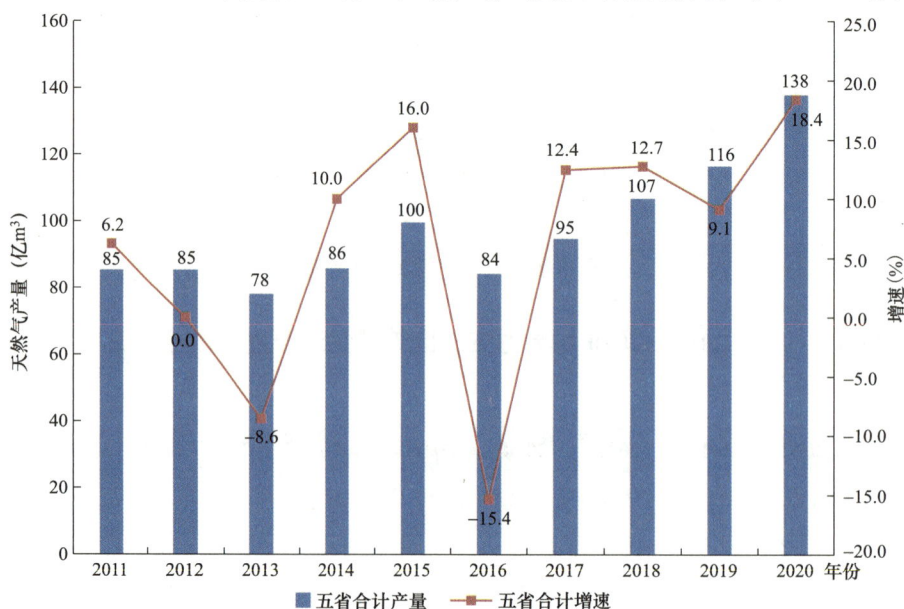

图4-28 2011—2020年南方五省区天然气产量及增速情况

数据来源：《中国能源统计年鉴》

广东是南方五省区天然气的主要产地。2020 年广东天然气产量 132
亿 m³，同比增长 17.4%，占南方五省区天然气生产总量的 95.4%，比上年
下降 0.8 个百分点。2011—2020 年南方五省区天然气产量占比如图 4-29 所
示，2011—2020 年南方五省区天然气产量及增速情况见表 4-12。

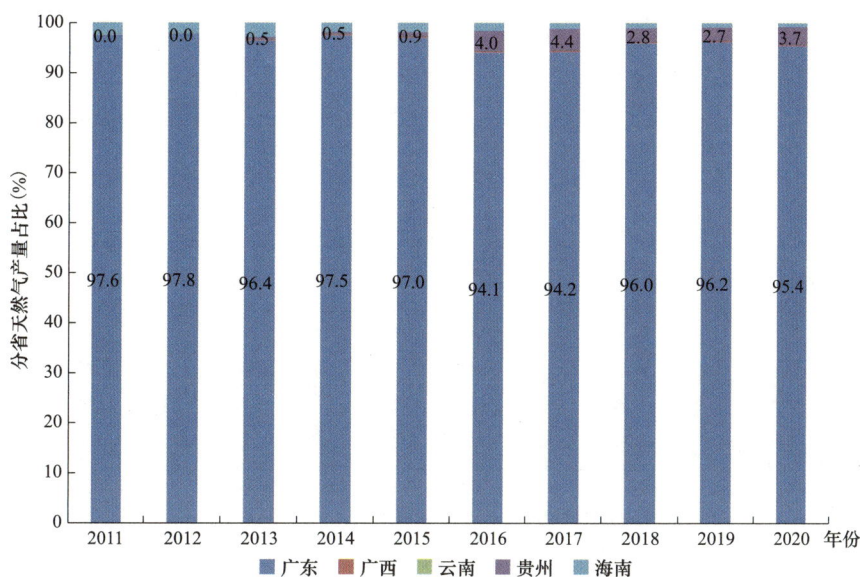

图 4-29　2011—2020 年南方五省区天然气产量占比

数据来源：《中国能源统计年鉴》

表 4-12　2011—2020 年南方五省区天然气产量及增速情况　单位：亿 m³，%

年份	2011	2012	2013	2014	2015	2016	2017	2018	2019	2020
广东	83.3	83.5	75.3	83.7	96.6	79.3	89.2	103	112	132
广西	0	0	0.1	0.2	0.2	0.2	0.2	0.2	0.2	0.2
云南	0.1	0.1	0	0	0	0	0	0	—	—
贵州	0	0	0.4	0.4	0.9	3.4	4.2	3	3.2	5.0
海南	2.0	1.8	2.3	1.6	1.9	1.4	1.1	1.1	1.0	1.0
五省区合计	85.4	85.4	78	85.8	99.6	84.3	94.7	107	117	138
增速	6.2	0	-8.6	10.0	16.0	-15.4	12.4	12.7	9.1	18.4

数据来源：《中国能源统计年鉴》及各省统计年鉴

4.5.3　南方五省区天然气供需平衡情况

南方五省区天然气自给率持续下降。2020 年，南方五省区天然气自给

率 33.1%，同比下降 1.8 个百分点。2011 年以来，南方五省区天然气自给率总体呈下降趋势。2011—2020 年南方五省区天然气生产/消费情况及天然气自给率如图 4-30 所示。

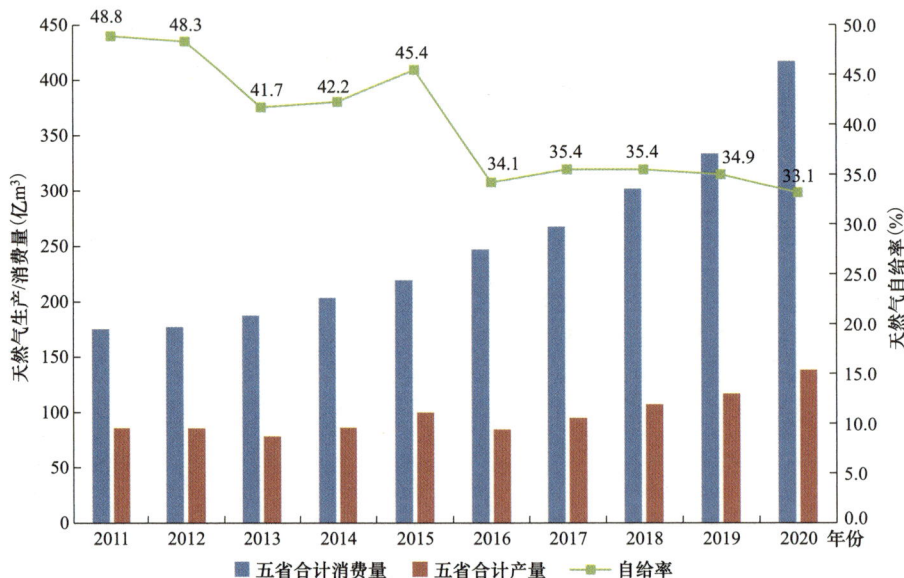

图 4-30　2011—2020 年南方五省区天然气生产/消费情况及天然气自给率

各省区天然气供给均依赖外省调入或进口。2020 年，广东天然气自给率 48.0%，广西、云南、贵州、海南本地产能有限，天然气供给几乎全部依赖外省调入或进口。2020 年南方五省区天然气生产/消费情况如图 4-31 所示。

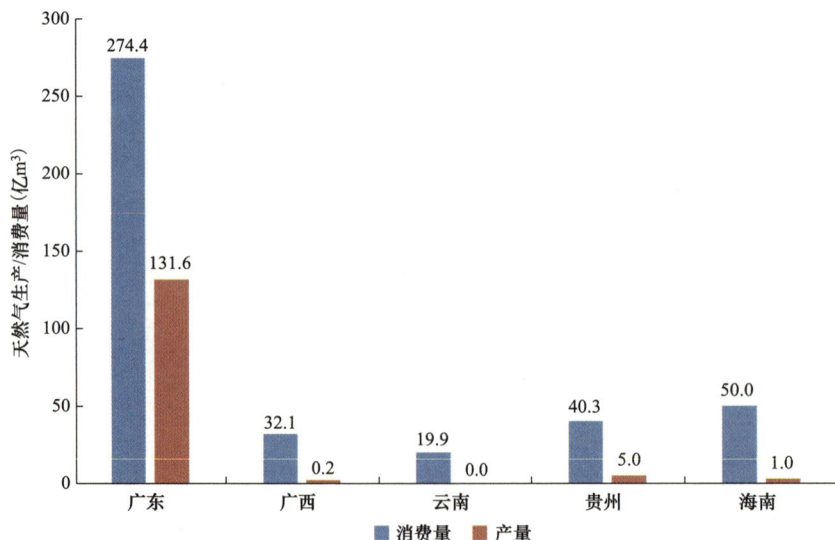

图 4-31　2020 年南方五省区天然气生产/消费情况

4.6　南方五省区电力供需

4.6.1　南方五省区电力需求

南方五省区全社会用电量增速持续高于全国水平。2021 年南方五省区全社会用电量 14 508 亿 kWh，同比增长 11.1%，增速同比上升 6.1 个百分点，高于全国水平 0.8 个百分点。2012—2021 年南方五省区全社会用电量及增速情况如图 4-32 所示。

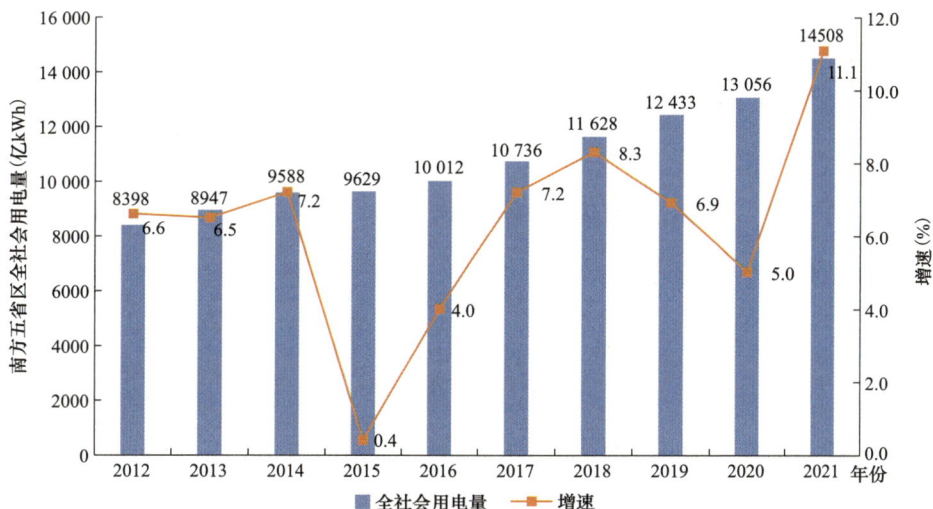

图 4-32　2012—2021 年南方五省区全社会用电量及增速情况

数据来源：南方电网

三次产业和居民用电均呈现高速增长态势。第一产业用电量 241 亿 kWh，同比增长 18.9%，增速同比提升 8.9 个百分点；第二产业用电量 9017 亿 kWh，同比增长 8.4%，增速同比提升 4.0 个百分点；第三产业用电量 2746 亿 kWh，同比增长 22.0%，增速同比大幅提升 18.9 个百分点；居民生活用电量 2505 亿 kWh，同比增长 9.6%，增速同比提升 0.7 个百分点。

第一产业和第三产业用电量占比回升，受疫情和能源双控政策影响第二

产业用电占比回落。2021 年，第一产业用电量占南方五省区全社会用电量的 1.7％，比上年提高 0.1 个百分点；第二产业用电量占比 62.2％，比上年下降 1.5 个百分点；第三产业用电量占比 18.9％，比上年提升 1.7 个百分点；居民生活用电量占比 17.3％，比上年下降 0.3 个百分点。2021 年南方五省区三次产业和居民生活用电量及占比如图 4－33 所示。

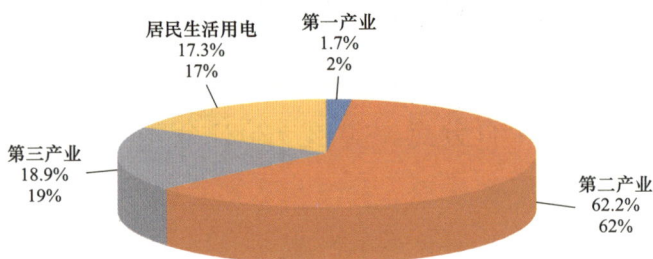

图 4－33 2021 年南方五省区三次产业和居民生活用电量及占比

数据来源：南方电网

广东、广西、贵州、海南用电量增速回升，云南受能耗双控政策影响用电量增速有所回落。2021 年，广东全社会用电量 7867 亿 kWh，同比增长 13.6％，增速同比提升 10.1 个百分点；广西全社会用电量 2238 亿 kWh，同比增长 10.3％，增速同比提升 4.1 个百分点；云南全社会用电量 2139 亿 kWh，同比增长 5.6％，增速同比下降 6.2 个百分点；贵州全社会用电量 1743 亿 kWh，同比增长 9.9％，增速同比提升 6.9 个百分点；海南全社会用电量 405 亿 kWh，同比增长 11.8％，增速同比提升 9.8 个百分点。

广东用电量占比提升，广西、云南、贵州用电量占比下降。2021 年，广东全社会用电量占南方五省区的 54.2％，比上年提升 1.2 个百分点；广西占比 15.4％，比上年下降 0.1 个百分点；云南占比 14.7％，比上年下降 0.8 个百分点；贵州占比 12.0％，比上年下降 0.1 个百分点；海南占比 2.8％，与上年持平。2012－2021 年南方五省区用电量占比如图 4－34 所示。

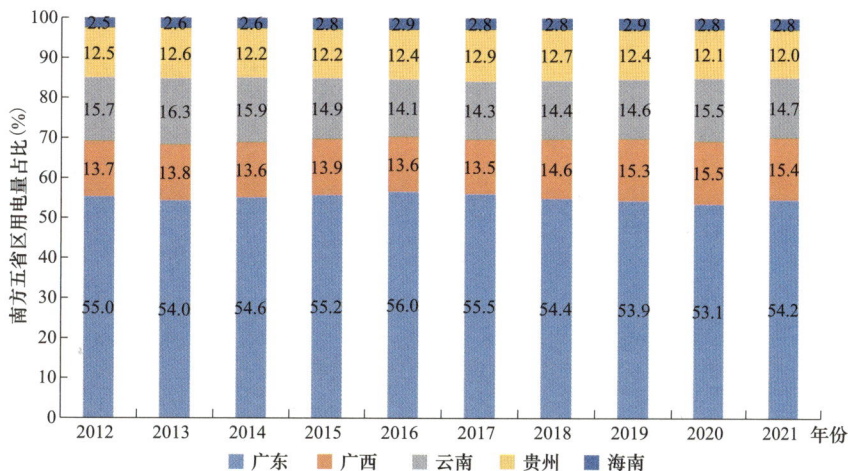

图 4-34　2012—2021 年南方五省区用电量占比

数据来源：南方电网

4.6.2　南方五省区电力供应

南方五省区装机总量持续增长，清洁化水平进一步提升。截至 2021 年底，全网发电装机容量 4.1 亿 kW，同比增长 6.5%，增速同比回落 3.6 个百分点。其中，火电装机 1.8 亿 kW，同比增长 5.1%，占装机总量 45.4%，比上年下降 0.6 个百分点；水电装机 1.4 亿 kW，同比增长 3.2%，占比 33.9%，比上年下降 1.1 个百分点；核电装机 0.2 亿 kW，与上年持平，占比 4.8%，比上年下降 0.3 个百分点；非水可再生能源装机 0.6 亿 kW，同比大幅增长 22.1%，占比 15.9%，比上年提升 2.0 个百分点。2012—2021 年南方五省区发电装机容量及增速情况如图 4-35 所示，2012—2021 年南方五省区电源装机结构如图 4-36 所示。

广东新增装机保持五省区第一位，广西、贵州新增装机主要为可再生能源。分省看，截至 2021 年底，广东装机总量 15 821 万 kW，同比增长 11.2%，其中火电和风电新增装机最多，分别对本省新增装机贡献率为 41.0% 和 36.8%；广西装机总量 5508 万 kW，同比增长 7.0%，其中太阳能新增装机贡献率 33.7%；云南装机总量 10 625 万 kW，同比增长 2.8%，其

图 4-35　2012—2021 年南方五省区发电装机容量及增速情况

数据来源：南方电网

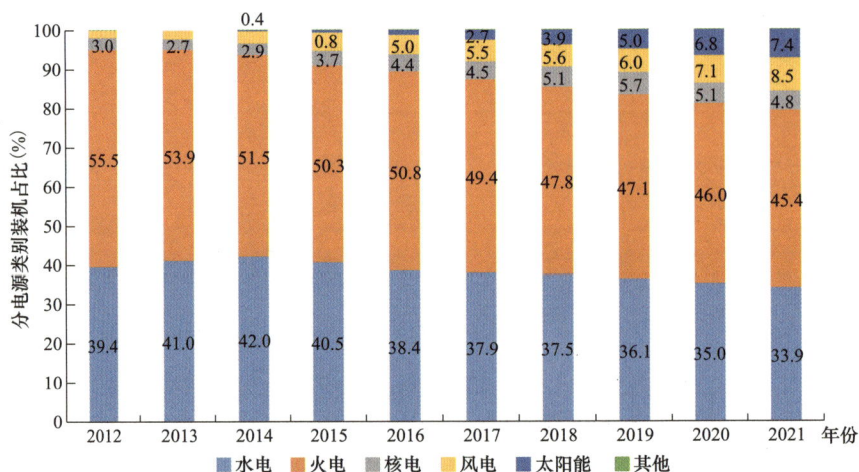

图 4-36　2012—2021 年南方五省区电源装机结构

数据来源：南方电网

中水电新增装机贡献率 91.8%；贵州装机总量 7573 万 kW，同比增长 1.3%，其中太阳能新增装机贡献率 84.7%；海南装机总量 1056 万 kW，同比增长 2.9%，其中火电新增装机贡献率 83.8%。2021 年南方五省区装机容量区域分布如图 4-37 所示。

全网发电量增速加快，非水可再生能源发电量占比进一步提升。2021年，全网发电量 14 724 亿 kWh，同比增长 10.4%，增速同比提升 5.8 个百分点。其中，火电发电量 7802 亿 kWh，同比增长 21.1%，占发电总量的 53.0%，占比较上年上升 4.8 个百分点；水电发电量 4520 亿 kWh，同比下降

4.0%，增速回落 6.0 个百分点，占发电总量的 30.7%；核电发电量 1483 亿 kWh，同比增长 4.1%，增速上升 0.5 个百分点，占发电总量的 10.1%；非水可再生能源发电量 920 亿 kWh，同比增长 21.2%，占发电总量的 6.2%，占比较上年提升 0.5 个百分点。2012—2021 年南方五省区发电总量及增速情况如图 4 - 38 所示，2012—2021 年南方五省区分电源类别发电量占比如图 4 - 39 所示。

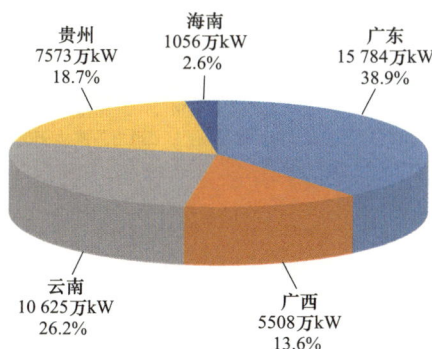

图 4 - 37　2021 年南方五省区装机容量区域分布

数据来源：南方电网

图 4 - 38　2012—2021 年南方五省区发电总量及增速情况

数据来源：南方电网

广东、海南发电增速高于全网平均水平。分省看，2021 年广东发电量 6154 亿 kWh，同比增长 21.9%；广西发电量 2005 亿 kWh，同比增长 3.6%；云南发电量 3765 亿 kWh，同比增长 2.5%；贵州发电量 2407 亿

kWh，同比增长 3.4%；海南发电量 391 亿 kWh，同比增长 12.3%。2021 年南方五省区发电量及占比如图 4 - 40 所示。

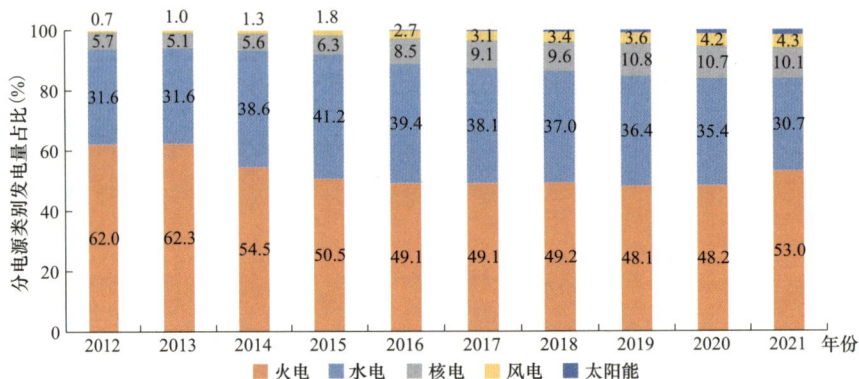

图 4 - 39　2012—2021 年南方五省区分电源类别发电量占比

数据来源：南方电网

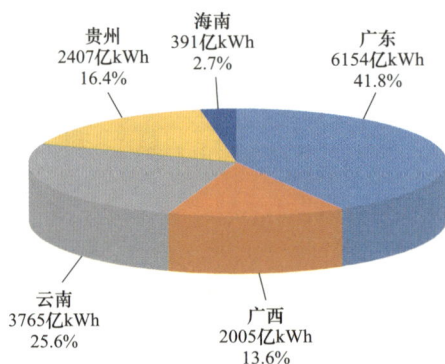

图 4 - 40　2021 年南方五省区发电量及占比

数据来源：南方电网

全网利用小时数高于全国水平。2021 年，全网 6000kW 及以上电厂发电设备利用小时数 3841h，同比提升 72h，高于全国水平 24h。其中，水电 3390h，同比下降 352h；核电 7563h，同比提高 297h；火电 4340h，同比提高 548h；风电 2206h，同比下降 286h；太阳能 1081h，同比下降 24h。全国及南方五省区 6000kW 及以上电厂发电设备利用小时数如图 4 - 41 所示。

4.6.3　南方五省区电力供需平衡情况

南方五省区电力供需总体偏紧。2021 年，南方五省区全社会用电量

14 508 亿 kWh，同比增长 11.1%；电源装机 40 618 万 kW，同比增长 6.5%。2021 年，南方五省区经济快速恢复，用电增长较快，叠加来水偏枯、电煤供应不足，电力供应持续紧张。4 月开始，除海南外广东、云南、广西、贵州四省区先后实施长周期、大规模有序用电，错峰范围主要控制在工业领域，未影响民生用电。11 月以后，在国家有关部委强力统筹协调下，电煤价格大幅下降，电煤供应取得根本好转，电力供需紧张形势持续改善，未再实施有序用电。2012—2021 年南方五省区发/用电情况如图 4 - 42 所示，2021 年南方五省区发/用电情况如图 4 - 43 所示。

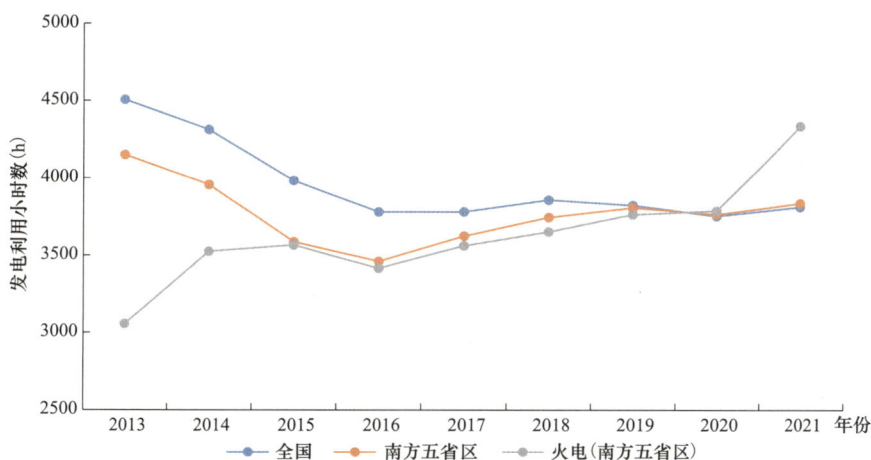

图 4 - 41　全国及南方五省区 6000kW 及以上电厂发电设备利用小时数

数据来源：中国电力企业联合会、南方电网

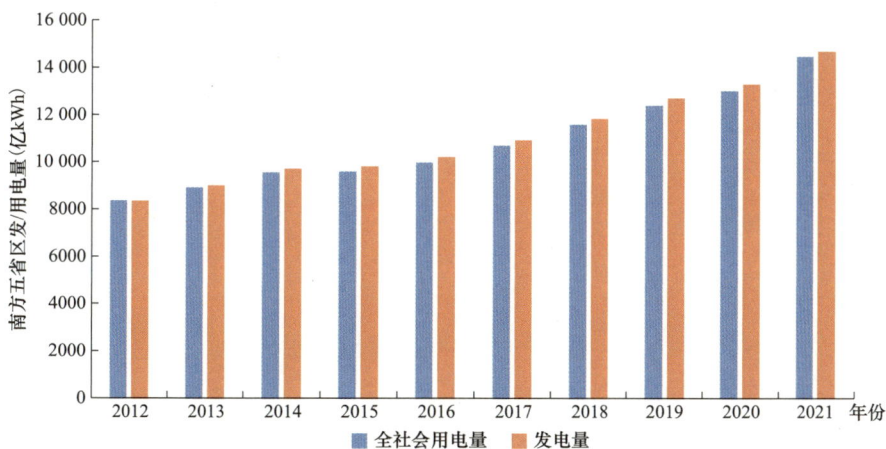

图 4 - 42　2012—2021 年南方五省区发/用电情况

数据来源：南方电网

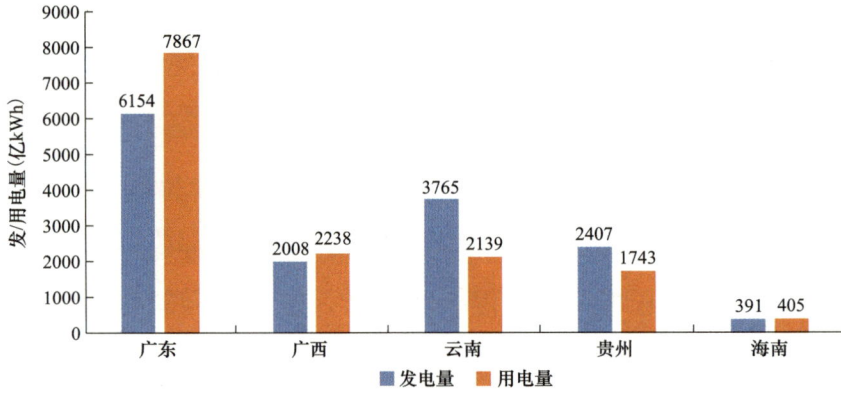

图 4-43　2021 年南方五省区发/用电情况

数据来源：南方电网

第 5 章

能源供需展望

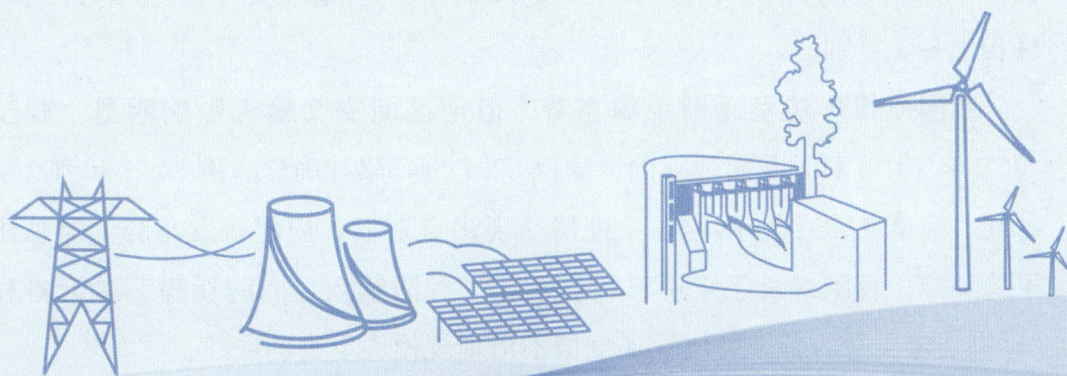

5.1 能源供需影响因素

5.1.1 疫情发展态势展望❶

奥密克戎感染能力增强，全球新冠病例持续高企。截至 2022 年 9 月 5 日，全球新冠肺炎现有确诊病例超过 1611 万例，累计死亡超过 648 万例。今年以来，奥密克戎毒株已取代德尔塔毒株成为全球范围内的主要流行毒株，各国近期上报的新冠病毒基因序列中 98.3% 为奥密克戎毒株。奥密克戎亚变体 BA.2 毒株的所占比例也逐渐上升，研究表明其比奥密克戎原始毒株 BA.1 的传染性增加了 30%，但其导致的疾病严重程度与奥密克戎原始毒株相比并无差别。

我国疫情形势呈逐渐企稳态势，但地区间交叉输入影响明显。截至 2022 年 9 月 5 日，我国现有确诊病例 6277 例，累计确诊病例 24.5 万例，累计死亡病例 5226 例。国内本土疫情呈现多点散发、局部暴发态势，但总体平稳可控。我国继续坚定不移贯彻落实"外防输入、内防反弹"总策略和"动态清零"总方针，坚决守住疫情不出现规模性反弹的底线。

5.1.2 宏观经济形势预测

受疫情和地缘政治冲突等因素影响，全球经济复苏放缓。疫情期间引发的原材料供给不足、劳动力短缺等供给冲击使全球供需失衡加剧，通货膨胀提高。同时，俄乌冲突以及西方对俄罗斯的制裁加速了大宗商品涨价进程，全球供应链进一步承压。由于俄乌冲突、通货膨胀和新冠疫情的影响，世界银行在发布最新的《全球经济展望》报告中预计 2022 年全球经济增速将从 2021 年的 5.7% 放缓至 2.9%，2023 年经济增速将进一步放缓至 2.2%。

---

❶ 本节疫情数据来源于世界卫生组织（WHO）、国家卫健委等官方渠道公开数据，其中我国疫情数据不包含港澳台地区。

我国经济新的下行压力加大，但经济复苏前景依然可期。我国一季度GDP 增长好于预期，凸显了我国经济的强大韧性，也表明此前国家出台的系列稳增长政策及时且有效，后期稳增长政策仍需继续加力。但同时国内外环境复杂性不确定性加大，我国经济回升动能减弱，下行压力不容忽视。总体来看，下半年我国经济下行压力加大，稳增长政策力度将持续加大，经济复苏前景依然可期。世界银行最新预测 2022 年我国 GDP 增长 5.1%，国际货币基金组织（IMF）、联合国贸易和发展会议预测 2022 年我国 GDP 增速分别为4.4%、4.8%。综合研判，2022 年我国 GDP 增速在 3.5%～5.0%。

5.1.3　能源政策影响分析

"双碳"目标下，能源供需两侧都在发生深刻的变化。2020 年中国明确提出 2030 年"碳达峰"与 2060 年"碳中和"目标。2021 年 10 月 24 日，《中共中央国务院关于完整准确全面贯彻新发展理念做好碳达峰碳中和工作的意见》正式发布，对指导我国能源行业发展具有重大意义，将对能源供需两侧产生深刻影响。践行碳达峰碳中和战略，能源是主战场，电力是主力军。从供应侧看，"双碳"目标将显著提速新能源发展，大幅提升新能源发电占比。从需求侧看，"双碳"目标，一方面加速推进电能替代，促使电能占终端能源消费比重进一步提升，拉动电力需求增长，推动能源消费结构升级；另一方面节约能源成为经济社会发展的重要考量，能源利用效率将持续提升。

煤炭保供稳价工作成效凸显，供应能力显著增强。针对煤炭保障方面，在国家能源局压实煤炭增产保供责任、稳定煤炭保供政策、坚持全国煤炭产量调度、加快先进产能的投产、加强电煤中长期合同履约监管等多项举措下，短期内我国煤炭供应能力进一步得到保障，电煤价格相对平稳运行。中长期看，清洁能源对煤炭的替代作用逐渐增强、去产能成果持续巩固、培育发展优质先进产能、严控煤炭消费增长，预计煤炭供需将逐渐宽松。

5.1.4　地缘政治影响分析

俄乌冲突正在重塑全球能源地缘政治版图。2022 年 2 月 24 日，俄罗斯与乌克兰爆发全面军事冲突，欧美国家密集出台多项制裁措施，导致国际金融市场、大宗商品市场和能源市场发生剧烈波动。美国和欧盟针对俄罗斯的制裁加剧了俄欧之间的对立，给欧洲地区的能源供应安全带来巨大风险。美国作为新晋全球最大的液化天然气（LNG）出口国，正在积极谋求填补俄罗斯损失的市场份额。国际能源署发布数据，6 月份，美国对欧盟供应的液化天然气，首次超越俄罗斯通过管道输送到欧盟的天然气。中俄之间的中俄蒙天然气管线宣布动工，中俄能源合作将进一步拉近中俄之间的战略协同和政策互动，以对冲来自美国的战略挤压。

俄乌冲突导致国际能源价格上涨，提升我国能源进口成本。俄乌冲突及相应的制裁措施，再加上未来的不确定性等，导致石油天然气等大宗能源商品的价格快速上涨，并且呈现高位震荡的态势。目前我国石油和天然气对外依存度较大，受国际价格影响也最大。国际天然气、石油价格高企，增加了我国能源进口成本。海关总署数据表明，2022 年 1 月份受俄乌冲突影响，我国石油和天然气的进口价格指数分别高达 201.8 和 145.9，此后延续高位震荡态势，表明 2022 年我国能源进口价格远高于上年同期。我国石油、天然气进口价格指数情况如图 5-1 所示。

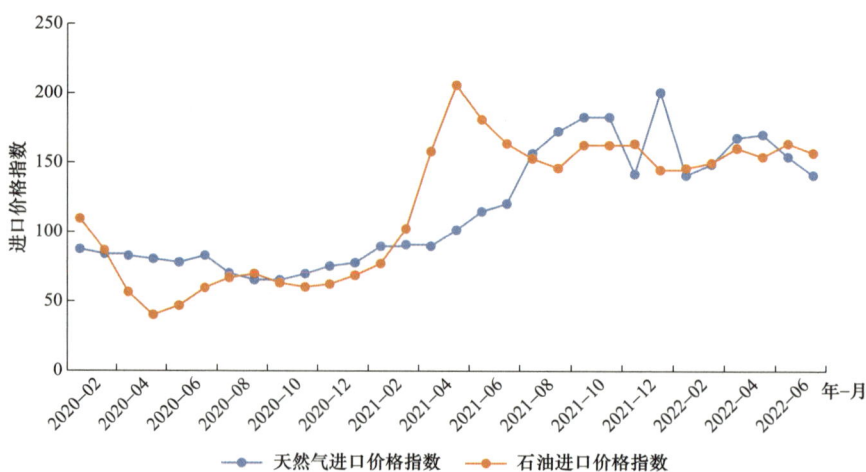

图 5-1　我国石油、天然气进口价格指数情况

数据来源：wind

5.2 2022－2023 年我国能源供需形势展望

综合来看，目前国内疫情多点频发，国际俄乌战争导致以石油、天然气为主的国际能源价格大幅上涨，全球经济增长放缓，各国通胀居高不下。综合考虑宏观经济、国际能源供应形势、政策影响等因素，对我国 2022 年和 2023 年能源生产消费情况预测如下：

预计 2022－2023 年能源消费总量保持增长。预计 2022 年能源消费总量约为 53.5 亿 t 标准煤，同比增长 2.1％，增速同比下降 3.1 个百分点；2023 年能源消费总量约 55.4 亿 t 标准煤，同比增长 3.5％。

预计 2022 年能源生产增速高于消费增速。预计 2022 年能源生产总量约为 46.3 亿 t 标准煤，同比增长 7.0％，增速同比提高 0.8 个百分点，高于能源消费预测增速 4.9 个百分点；2023 年能源生产总量约 48.6 亿 t 标准煤，同比增长 5.0％。

5.2.1 煤炭

预计 2022 年我国原煤产量约为 44.9 亿 t，同比增长 10.3％；2023 年原煤产量约 47.8 亿 t，同比增长 6.5％。我国原煤产量预测情况如图 5-2 所示。

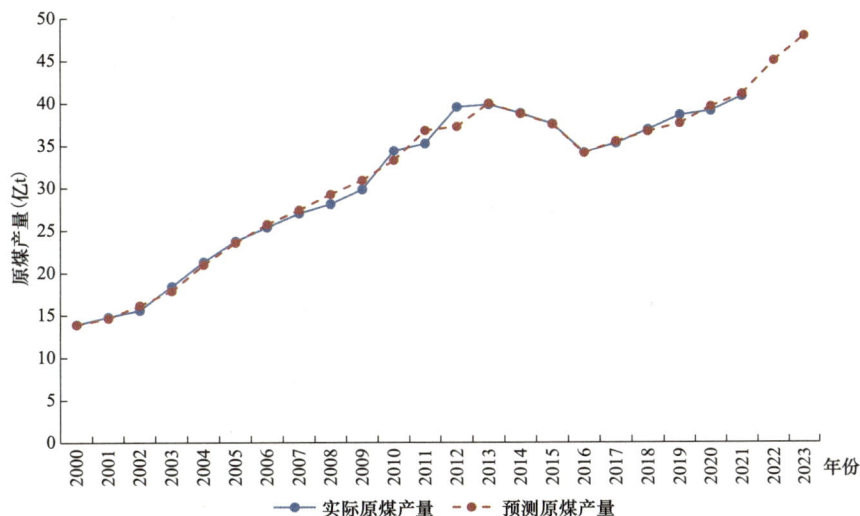

图 5-2　我国原煤产量预测情况

2022年原煤消费量预计继续上升，全年消费量约为42.3亿t，同比上升1.2%；2023年原煤消费量约43.8亿t，同比上升3.5%。我国原煤消费量预测情况如图5-3所示。

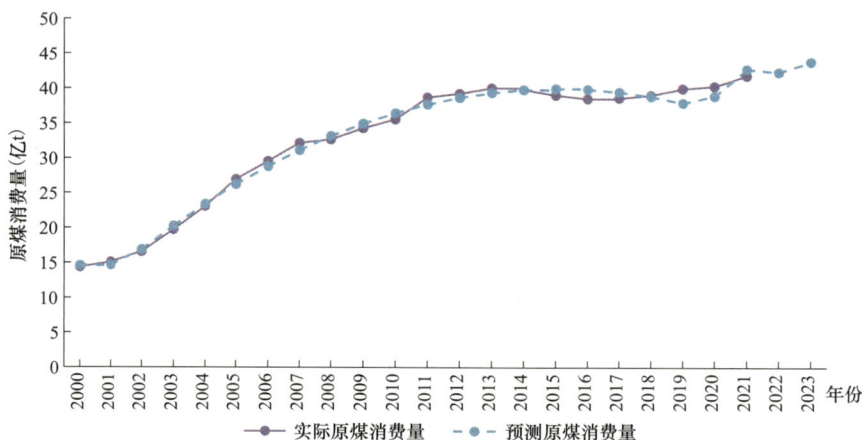

图5-3 我国原煤消费量预测情况

目前国内煤炭储量比较丰富，产能相对稳定，预计2022年煤炭供应整体稳定平衡；2023年随着煤炭需求增长的放缓，煤炭供需整体保持平衡。2022—2023年我国煤炭供需形势预测情况如图5-4所示。

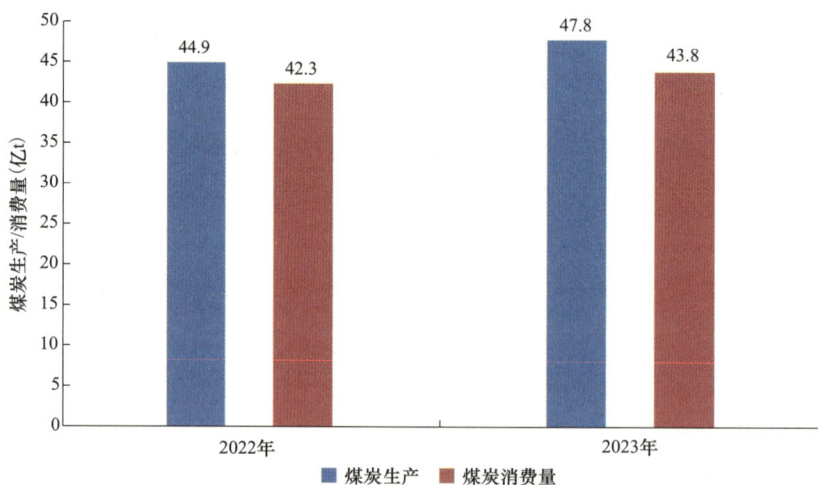

图5-4 2022—2023年我国煤炭供需形势预测情况

5.2.2 石油

油气勘探开发"七年行动计划"持续推进，拉动原油产能提升。预计

2022 年我国原油产量约 2.1 亿 t，同比增长 3.5%；2023 年原油产量约 2.2 亿 t，同比增长 4.4%。我国原油产量预测情况如图 5-5 所示。

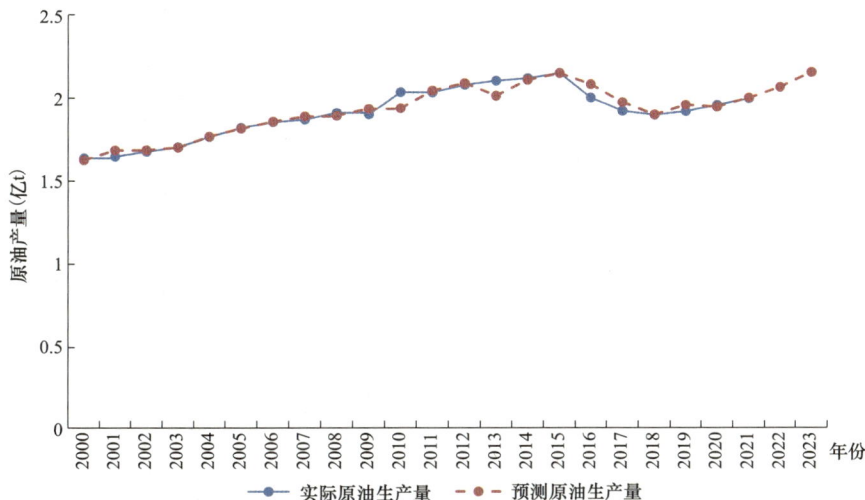

图 5-5 我国原油产量预测情况

预计 2022 年全年原油消费量约为 6.9 亿 t，同比降低 4.0%；2023 年原油消费量约 7.2 亿 t，同比增长 3.6%。我国原油消费量预测情况如图 5-6 所示。

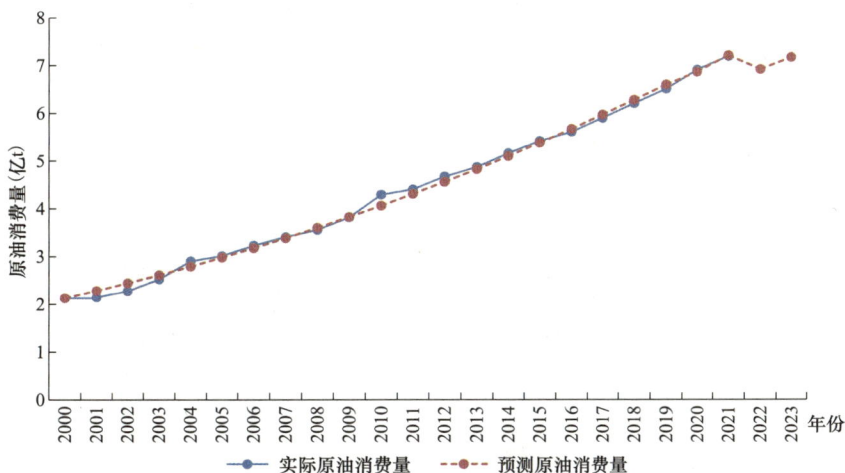

图 5-6 我国原油消费量预测情况

原油进口需求维持在较高水平。原油生产维持平稳发展，受国际经济形势、能源转型等因素影响，原油消费出现下滑，但产量远低于消费需求，原油进口仍将维持较高水平。2022－2023年我国原油供需形势预测情况如图5-7所示。

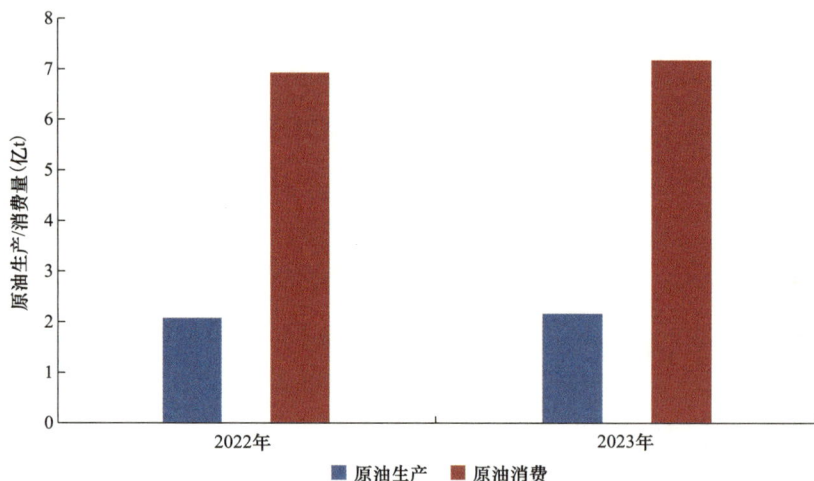

图5-7　2022－2023年我国原油供需形势预测情况

成品油供应形势整体仍较宽松。受上海、吉林等地疫情影响，预计2022年成品油产量"前低后高"，全年约3.8亿t，同比增长1.5%；成品油消费量3.3亿t左右，同比下降2.5%。2023年成品油产量达到3.9亿t左右，同比增长3.0%；成品油消费量约3.4亿t，同比增长3.0%。2022－2023年我国成品油供需形势预测情况如图5-8所示。

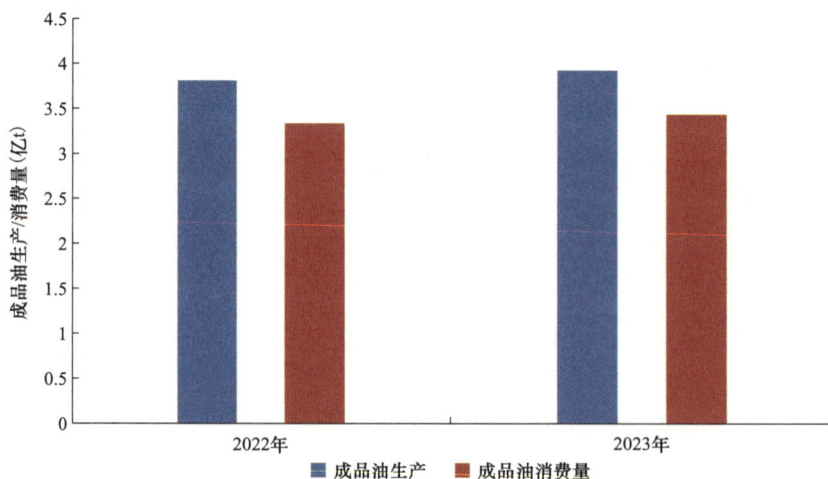

图5-8　2022－2023年我国成品油供需形势预测情况

5.2.3 天然气

预计 2022 年我国天然气生产保持增长,产量达 2200 亿 m³ 左右,同比增长 6.0%;2023 年天然气产量约 2355 亿 m³,同比增长 7.0%。我国天然气产量预测情况如图 5-9 所示。

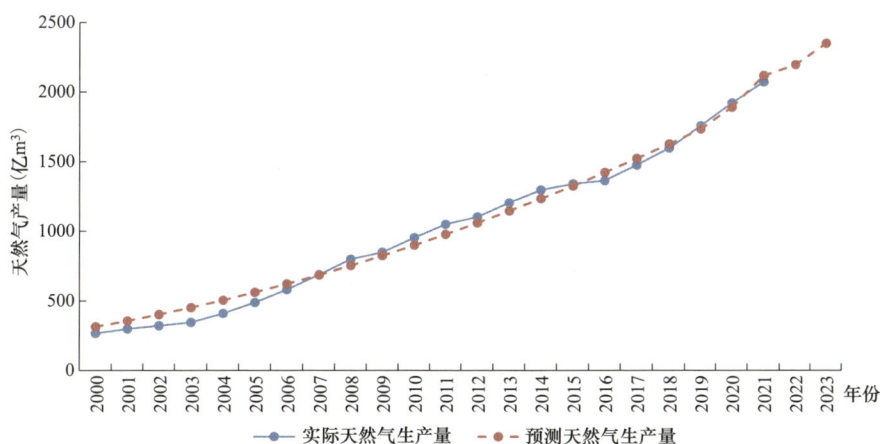

图 5-9 我国天然气产量预测情况

预计 2022 年天然气消费量约为 3790 亿 m³,同比增长 1.7%;2023 年天然气消费量约 4050 亿 m³,同比增长 6.8%。我国天然气消费量预测情况如图 5-10 所示。

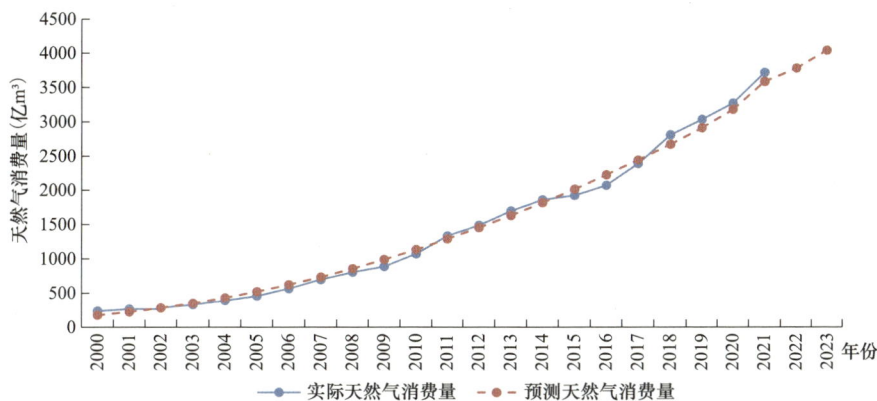

图 5-10 我国天然气消费量预测情况

天然气生产与消费之间缺口有所减小。在国内天然气近零出口的情况下，2022 年天然气缺口约为 1590 亿 m³，同比减少 60 亿 m³；2023 年天然气缺口约 1695 亿 m³，同比增加 105 亿 m³。2022—2023 年我国天然气供需形势预测情况如图 5-11 所示。

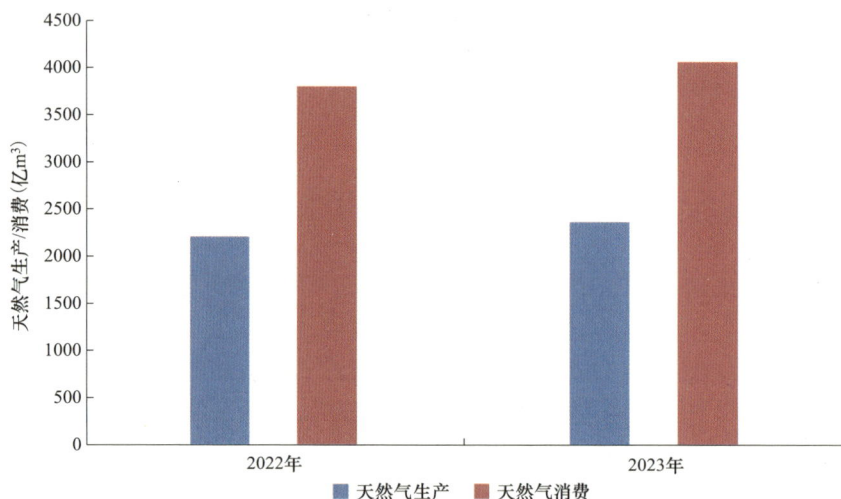

图 5-11　2022—2023 年我国天然气供需形势预测情况

5.2.4　电力

预计 2022 年我国全年全社会用电量将达到 8.7 万亿 kWh 左右，同比增长 5.0%；2023 年全社会用电量约为 9.2 万亿 kWh，同比增长 5.3%。我国全社会用电量预测情况如图 5-12 所示。

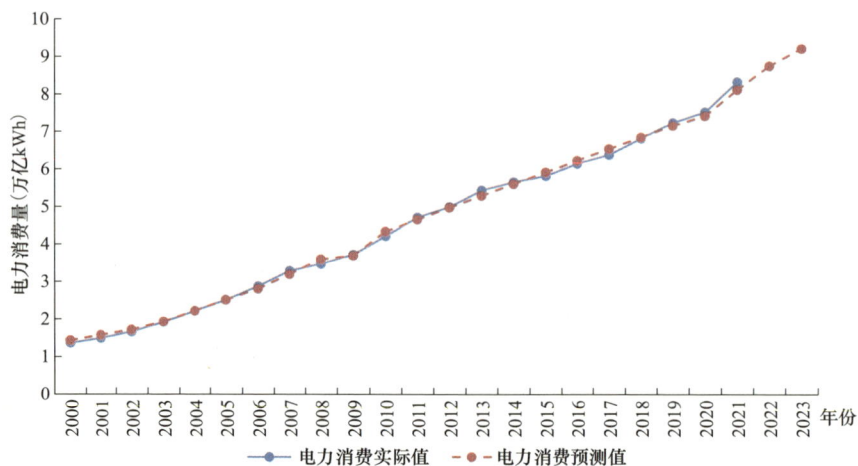

图 5-12　我国全社会用电量预测情况

　　预计 2022 年底全国发电装机容量达 26 亿 kW，同比增长 9.5%，其中，非化石能源发电装机合计达到 13 亿 kW，占比超过 50%；并网风电 3.8 亿 kW，并网太阳能发电 4.0 亿 kW，增速均高于 15%。2022—2023 年我国发电装机容量预测情况如图 5-13 所示。

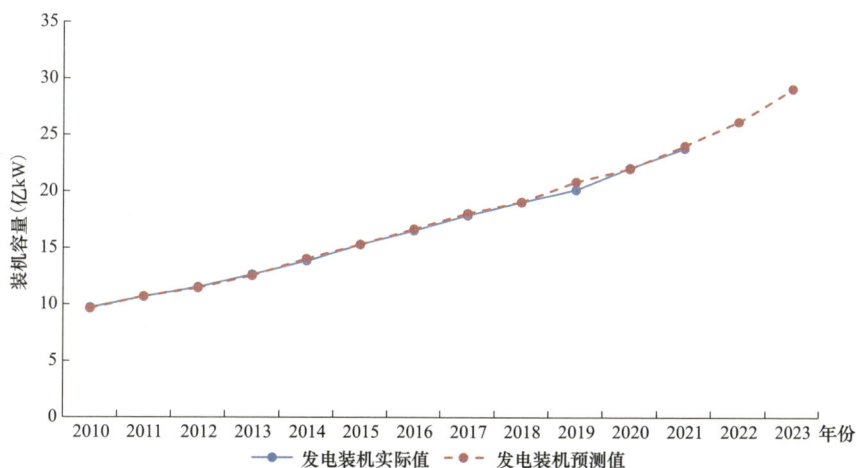

图 5-13　2022—2023 年我国发电装机容量预测情况

　　全国电力供需总体紧平衡，部分区域用电高峰时段电力供需偏紧。2022 年夏季我国大部气温较多年平均偏高，极端天气事件偏多，预计用电最高负荷将出现较大增长，全国最高用电负荷达到 13 亿 kW，考虑供应侧的不确定性因素的影响，存在区域性、时段性供需矛盾，部分地区在用电高峰时段电力供需偏紧，少部分地区可能出现短期供需形势严峻情况。

第 6 章

"双碳"目标下我国能源行业发展趋势分析及建议

6.1　发展趋势分析

能源是人类文明进步的重要物质基础和动力，攸关国计民生和国家安全。当今世界新冠肺炎疫情影响广泛深远，国际政治格局进入动荡变革期，全球能源供需版图深度调整，世界能源多极化供应格局进一步凸显，我国面临更加复杂的国际能源环境。从内部形势看，当前我国经济步入高质量发展的新阶段，经济结构不断优化，新动能持续激发，对能源消费产生根本性影响；同时"双碳"目标推动生产生活方式加快向低碳化、智能化转变，能源结构面临深度调整。内外部形势影响下我国能源供需格局将加快转变。

新能源大规模发展的现代能源体系将加快形成。考虑"双碳"目标约束下各部门能效水平稳步提升，能源结构逐渐优化升级，本报告认为我国一次能源消费预计 2035 年左右达峰，之后进入平台期，呈缓慢下降趋势，终端能源需求预计在 2030 年左右达峰。"十四五"期间，我国能源保障更加有力，能源需求保持低速增长，能源低碳转型成效显著，电气化水平持续提升，预计 2025 年非化石能源消费占比达到 20％左右，电能占终端用能比重达到 30％左右。展望 2035 年，能源高质量发展取得决定性进展，基本建成现代能源体系。

具体来看，未来我国能源发展将呈现以下特点：

（一）能源需求低速增长，利用效率持续提升

新发展格局下我国经济社会供需两侧变革将深入推进，在需求侧推动消费提质、扩容、创新，在供给侧持续深化结构性改革，形成需求推动供给、供给引领需求的高水平动态平衡。供需两侧的潜在结构性变化将推动"十四五"能源经济关系呈现新特征。综合判断，未来我国能源需求继续保持低速增长的总体态势不会改变，低碳化生产生活方式加速形成，能源利用效率将稳步提升。电能替代作为提高能源利用效率、降低能源消费碳排放水平的重要途径，实施力度持续加大，电能占终端能源消费的比重将进一步提升。

（二）多轮驱动的能源供应体系更加巩固

能源供给侧将围绕减煤、控油、增气、跨越式发展可再生能源来实现低碳转型。延续"十三五"期间可再生能源发展的良好态势，预计未来我国将继续大力发展非化石能源，加快发展风电、太阳能发电，因地制宜开发水电，积极安全有序发展核电。根据发展需求合理建设清洁煤电，保持系统安全稳定运行必需的合理裕度，推进煤电由主体性电源向提供可靠容量、调峰调频等辅助服务的基础保障性和系统调节性电源转变。

（三）能源科技创新进入加速突破新阶段

未来国际形势仍然存在很多不稳定性、不确定性因素，形势更趋复杂严峻，我国部分能源关键核心技术装备"卡脖子"风险仍然存在。我国将深入贯彻创新驱动发展战略，巩固非化石能源领域技术装备优势，持续攻克动力电池技术、燃料电池关键材料、海上风电、可再生能源制氢等关键技术，有效解决各科技领域产业链中的断点、堵点问题，推进相关领域装备和技术国产化，加快关键装备和核心技术自主化，确保能源技术领域居于战略主动地位。

（四）能源要素市场化配置能力持续提升

未来市场机制将成为促进节能减排降碳、提升能源服务水平的主要手段。我国将进一步深化各类能源价格形成机制市场化改革，加快构建和完善中长期市场、现货市场和辅助服务市场有机衔接的电力市场体系。全国碳排放交易市场建设加快推进，预计发电行业将率先纳入碳交易范围，钢铁、水泥、化工、电解铝等重点行业加快纳入，以市场化手段促进电源结构优化和地区经济调整，推动能源供需格局变革。

（五）全方位推动国际能源合作继续深化

我国一贯积极参与全球能源治理，按照互利共赢原则开展双多边能源合作，在国际多边合作框架下推动全球能源市场稳定与供应安全、能源绿色转型发展，促进全球能源可持续发展。未来我国将继续推动形成更加公平合理的国际能源和气候治理体系，在逐步放开部分能源领域对外资准入限制的基础上，继续全面、持续推动能源行业的高水平对外开放，从全局性和系统性角度打造能源国际合作新局面。

（六）"能耗双控"要求趋紧推动能源供需双侧加快转型

《中华人民共和国国民经济和社会发展第十四个五年规划和 2035 年远景目标纲要》及《"十四五"现代能源体系规划》要求，"十四五"期间单位国内生产总值能耗降低 13.5%，倒逼我国能源结构转型、经济发展方式加速转变。从长期来看，随着全国碳排放权交易市场的建设，预计未来将从能源消费总量和强度"双控"向碳排放总量和强度"双控"转变，有利于鼓励和推动可再生能源更进一步的加快发展，资源节约、环境友好的能源消费模式加快形成。

6.2　应对策略及建议

（1）坚守能源安全底线，保障能源供应链稳定。加大油气勘探开发力度，加快天然气增储上产，尽快完善国家煤炭应急储备体系，进一步加强油气储备设施建设和电力系统风险防范能力，提升能源应急保障能力。推动油气进口区域、国别、渠道、合作方式等多元化，分散潜在风险。发挥煤炭安全托底保障，增强煤炭跨区域供应保障能力，持续优化煤炭生产结构，在确保能源安全可靠供应的前提下稳步推动能源生产消费结构清洁化转型。

（2）促进能源协同发展，大力推动能源绿色低碳化发展。统筹推进构建清洁低碳、安全高效的能源体系，推动化石能源清洁利用与多品种新能源协调发展，加强区域能源协同规划。优化能源结构，加快推进页岩气、煤层气、致密油气资源的规模化开发，推进天然气消费稳步增长；加快发展可再生能源，调动投资主体积极性，充分释放可再生能源消纳空间，提高可再生能源利用效率；安全有序发展核能，合理利用生物质能。

（3）加快构建新型电力系统，逐步提升大规模新能源接入能力。统筹高比例新能源发展和电力安全稳定运行，加快电力系统数字化升级和新型电力系统建设迭代发展，全面推动新型电力技术应用和运行模式创新。充分挖掘用户侧资源潜力，加强供需双向互动，积极推动"源网荷储"一体化发展；增强电源协调优化运行能力，优化电源侧多能互补调度运行方式，加快新型储能技术规模化应用，逐步提升电力系统灵活运行水平，以适应新能源发展时序要求。

（4）完善能源体制机制，加强能源监管力度。建立上下游价格联动机制，不断完善煤炭中长期合同制度，加快气价改革，积极探索创新成品油和天然气市场化交易模式。健全清洁能源消纳长效机制，完善储能、氢能及其他新业态的相关支持政策，以市场化机制促进清洁能源高比例、高质量发展。优化能源市场监管，针对煤炭、天然气等一次能源价格波动情况，加强国内一次能源价格调控，促进市场竞争公平、交易规范和信息公开。

俄乌冲突对全球及我国能源影响

创新引领

智力共享

2022 年 2 月 24 日，俄罗斯启动对乌克兰进行特别军事行动，俄乌冲突上升至全面军事冲突。美欧等西方国家迅速、全方位对俄罗斯采取制裁，俄罗斯也对西方国家采取反制措施，导致国际金融市场、大宗商品市场特别是能源市场发生剧烈波动。目前，俄乌冲突仍在朝着持久化、常态化演进，将持续对全球能源市场带来广泛深刻的影响。

（一）俄乌在国际能源市场中的地位

俄罗斯在国际能源市场中扮演重要角色，在欧洲市场中有着举足轻重的地位。俄罗斯是原油第二大生产国和第二大出口国、天然气第二大生产国和第一大出口国、煤炭第六大生产国和第三大出口国。2021 年俄罗斯原油生产总量 5.36 亿 t，约占全球总供应量的 14%，仅次于美国；出口总量 2.3 亿 t，约占全球出口总量的 10%，仅次于沙特阿拉伯。2021 年俄罗斯天然气产量达 7017 亿 m³，占全球产量 17.4%，仅次于美国；出口总量为 2471 亿 m³，占全球出口量的 17.4%。2021 年俄罗斯煤炭产量 4.4 亿 t，占全球产量 5.3%；出口总量 2.1 亿 t，约占全球出口量的 15.5%。欧洲对俄罗斯石油、天然气和煤炭的依存度依次为 21.6%、34.2% 和 10.0%。2010—2021 年俄罗斯原油、天然气、煤炭产量及出口量分别如附图 1～附图 3 所示。

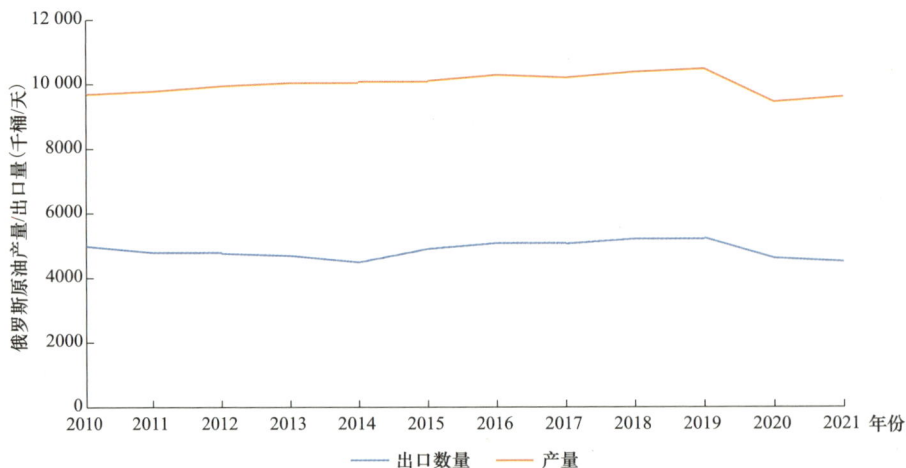

附图 1　2010—2021 年俄罗斯原油产量、出口量

数据来源：OPEC

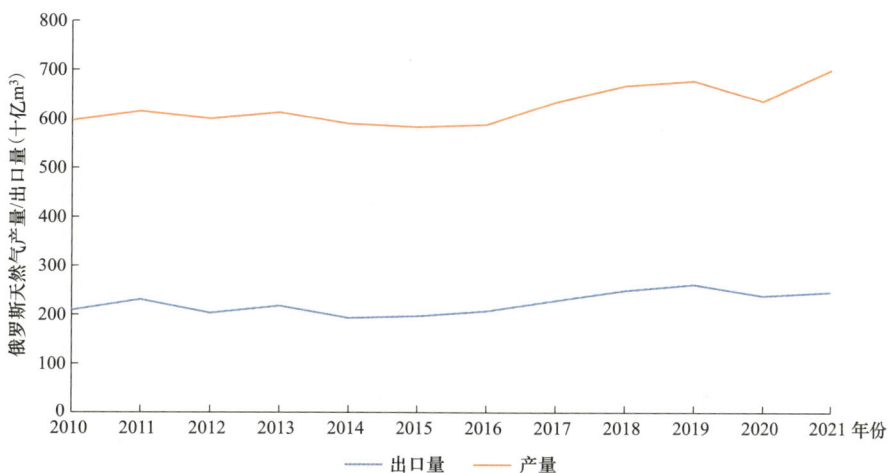

附图 2　2010—2021 年俄罗斯天然气产量、出口量

数据来源：BP、OPEC

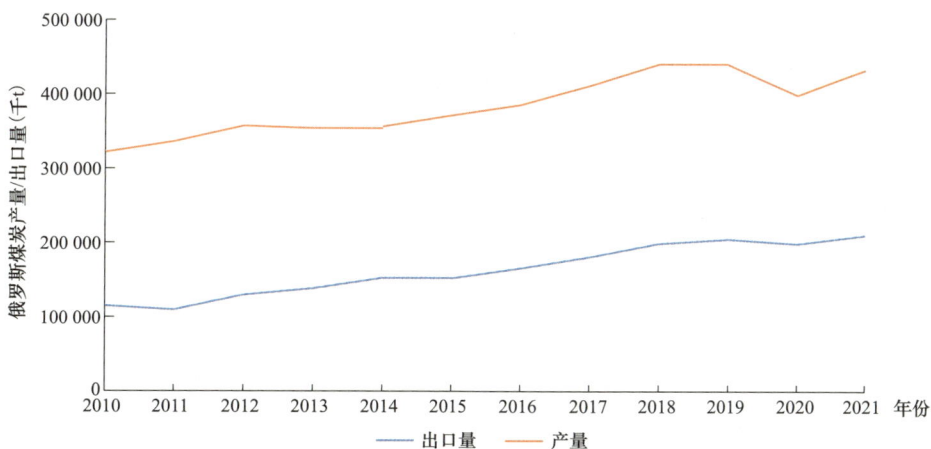

附图 3　2010—2021 年俄罗斯煤炭产量、出口量

数据来源：世界能源委员会

　　乌克兰在国际能源市场中占比较小，2021 年乌克兰原油、天然气和煤炭产量分别为 149 万 t、198 亿 m³、2939 万 t，仅有少量煤炭和天然气出口。

　　俄罗斯出口欧洲天然气主要用管道经乌克兰输送。俄罗斯送欧洲的天然气管道有三条经过乌克兰境内。2020 年，俄罗斯经乌克兰送欧洲天然气 558 亿 m³，约占欧洲天然气进口总量的 17.1%。

　　俄罗斯是中国能源的主要进口来源国之一，近年中俄能源合作不断深化。2021 年，我国能源进口中有 15.5% 原油、9.9% 天然气来自俄罗斯。近年来，中俄持续增强能源领域的务实合作，在天然气和煤炭贸易上开展了多项合作。2022 年北京冬奥会期间，中俄两国就天然气长期供应达成新协议，计划在未来 30 年俄罗斯向中国增加每年 100 亿 m³ 的天然气供应量，并以欧元进行结算。2 月 23 日，俄罗斯能源部长宣布中俄正就 1 亿 t 煤炭供应量制定协议。

（二）俄乌局势演变对全球和我国能源安全的影响

基于俄罗斯在全球能源格局中的重要地位，俄乌冲突将对全球能源格局产生强烈冲击，对我国能源安全也将产生深远影响。

在俄乌全面军事冲突叠加全球通胀不断加剧的影响下，全球能源价格高位震荡。

原油方面，截至 8 月 3 日，布伦特原油价格 96.78 美元/桶，今年以来上涨 22.5%。3 月 7 日最高冲至 139.1 美元/桶，为 2008 年以来最高价格。2022 年以来布伦特原油价格趋势如附图 4 所示。

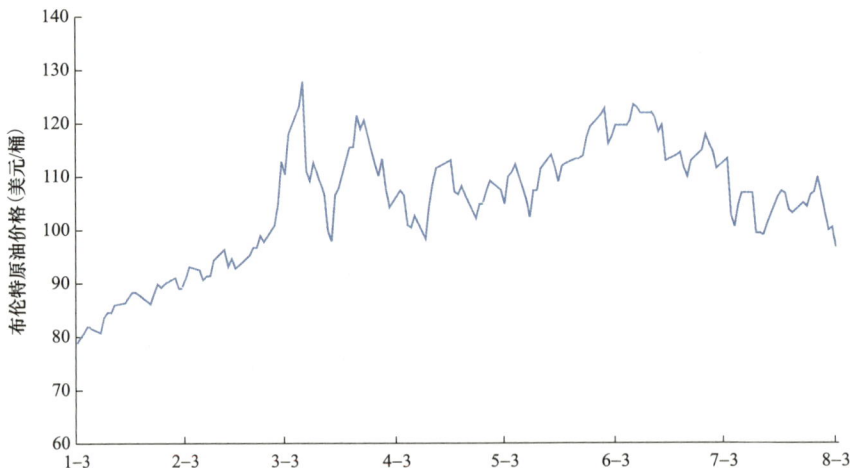

附图 4　2022 年以来布伦特原油价格趋势

数据来源：Wind

天然气方面，截至 8 月 3 日，欧洲天然气 TTF 基准价格上涨至 204.8 欧元/MWh，今年以来涨幅高达 133.5%。2022 年以来欧洲天然气 TTF 基准价格趋势如附图 5 所示。

煤炭方面，受替代作用影响，国际市场价格亦出现大幅上涨，截至 8 月

3 日澳洲纽卡斯尔动力煤价格上涨至 420.9 美元/t，今年以来上涨 140.5%。2022 年以来澳洲纽卡斯尔 NEWC 动力煤价格指数如附图 6 所示。

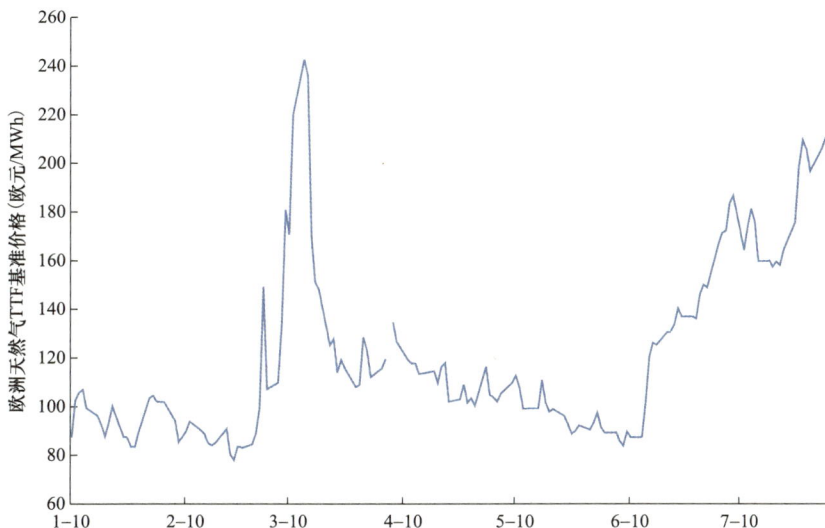

附图 5　2022 年以来欧洲天然气 TTF 基准价格趋势

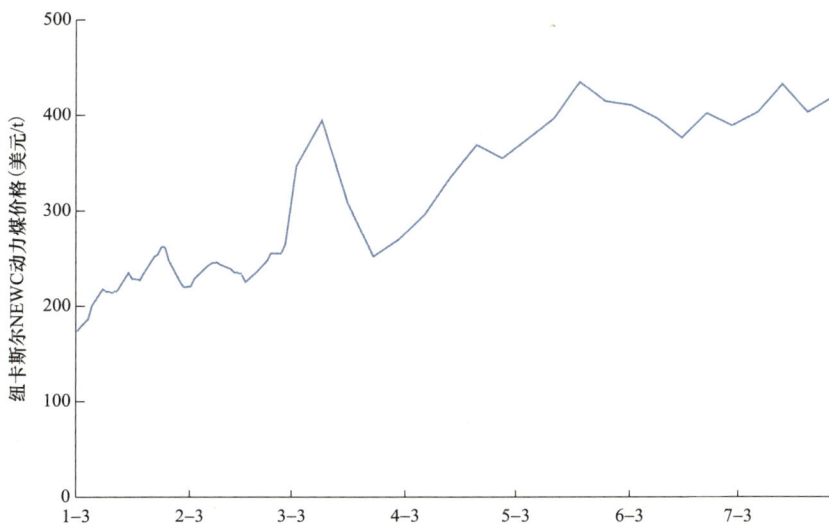

附图 6　2022 年以来澳洲纽卡斯尔 NEWC 动力煤价格指数

我国能源供应总体平稳，但受国际市场影响一次能源价格不同程度上涨。油气方面，截至 8 月 3 日，INE 原油期货收盘价上涨至 677.8 元/桶，今年以来上涨 37.2%；LNG 出厂价格全国指数上涨至 6635 元/t，今年以来上涨 29.7%，最高达到 8568 元/t。煤炭方面，截至 8 月 3 日，我国动力煤期货主要合约价格上涨至 787 元/t，今年以来上涨 24.8%。由于国际煤炭市场供需紧张，国内煤炭价格仍存在上涨风险。2022年以来我国原油期货主要合约价格、LNG出厂价格指数及动力煤期货主要合约价格分别如附图7～附图9所示。

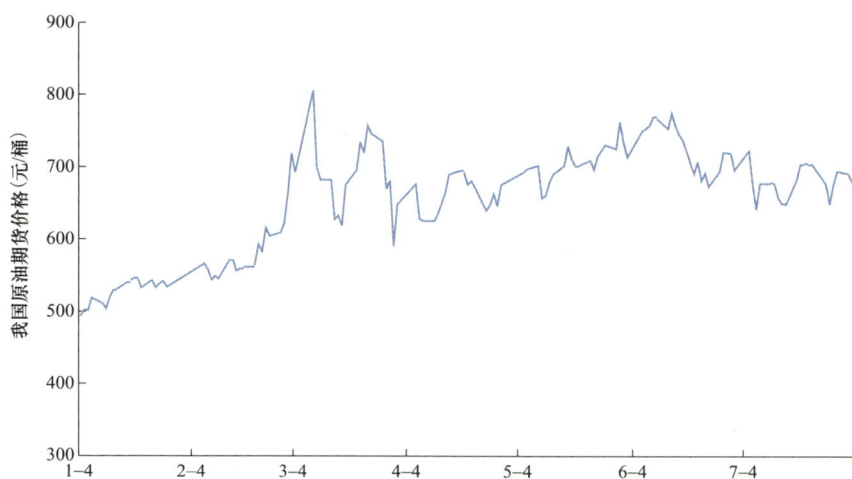

附图7　2022年以来国内原油期货价格

数据来源：上海期货交易所

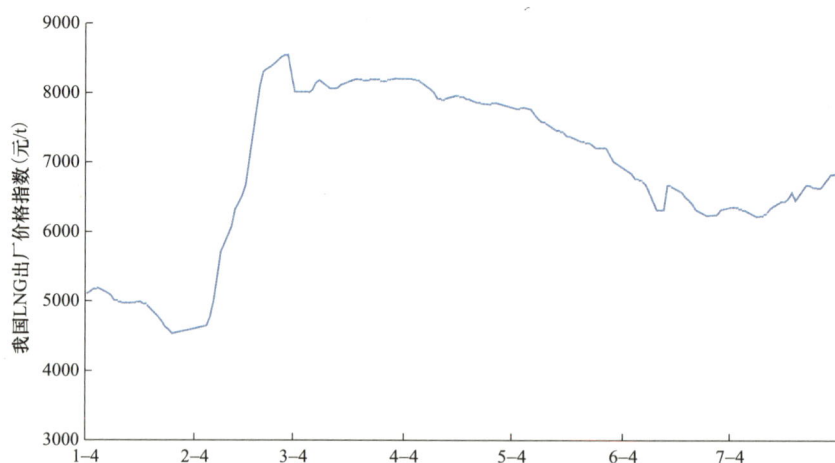

附图8　2022年以来全国LNG出厂价格指数

数据来源：上海石油天然气交易中心

（三）未来影响趋势研判

俄乌冲突对国际能源市场和能源安全影响深远。随着冲突持续，能源危机将进一步发酵，全球能源格局将面临新的调整。

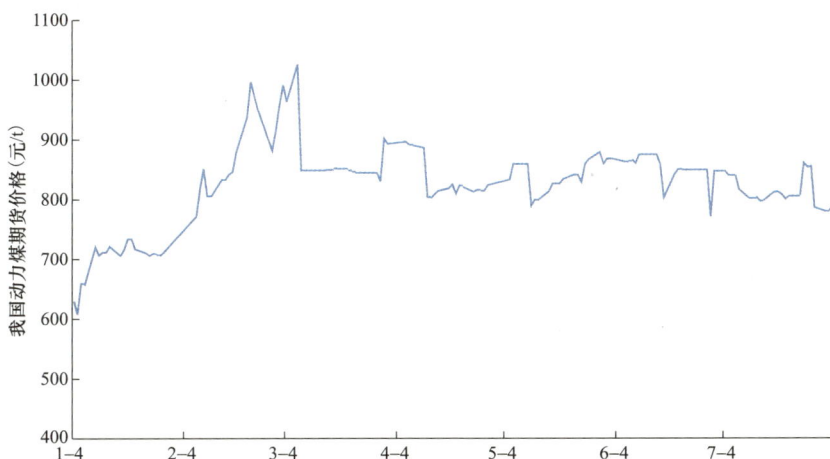

附图 9 2022 年以来国内动力煤期货价格

数据来源：郑州商品交易所

一是世界油气版图将加速重构。俄乌冲突打破了原有的能源格局，世界油气版图将呈现"两个加强"和"两个提升"发展态势。"两个加强"即美欧加强天然气领域合作，俄罗斯加强油气出口多元化。一方面，美欧天然气贸易规模有望持续扩大；另一方面俄罗斯积极拓展国际油气市场，努力提高在亚太地区和 LNG 市场的份额。"两个提升"即美国和中东的能源话语权提升，非洲在欧洲油气市场的地位提升。一方面，全球化石能源生产重心"西移"，美国有望取代沙特成为全球第一大石油出口国，取代俄罗斯成为全球第一大天然气出口国；另一方面，非洲天然气对欧洲愈发重要，非洲天然气储量约占全球总储量的 7.1%，年均出口量占欧洲天然气进口总量的18%，有潜力成为欧洲新的气源。

二是能源安全受到空前重视，将加快能源结构调整。本次能源危机发出警示，能源作为经济社会发展的重要基础，事关国计民生和国家安全。很多国家将能源安全上升到前所未有的战略高度，纷纷出台相关政策，拓展油气供给渠道，加快调整能源结构，以更大力度推进能源转型，抢占清洁能源制高点成为全球竞争的重要内容。欧盟发布 REPower EU 能源计划，提出到2025 年光伏发电能力增加一倍等目标，加快能源转型速度。德国制定相关政策草案，提出到 2035 年可再生能源满足国内发电需求，届时德国风电和光伏装机将增加 2 倍以上。未来清洁能源在世界能源体系中的主导地位将更加凸显。

三是俄乌冲突加速全球能源变革转型，将创造发展合作新空间。加快推动能源变革转型，构建以清洁电力为基础的产业体系和生产生活方式，将带动高端装备制造、新能源、新材料、电动汽车、节能环保、新一代信息技术等战略新兴产业发展，推动钢铁、建筑、化工等传统行业迈入更加绿色、高效形态，促进产业链升级、价值链提升，惠及整个能源产业链和相关行业，为世界各国企业创新发展和转型升级带来重大机遇。此外，加快推动全球能源变革转型，推动清洁能源开发和共享，将充分发挥发达国家和发展中国家在技术、市场、资源等方面的互补优势，促进发展中国家和地区的清洁能源资源优势转化为经济优势，打造和平、普惠、共赢的全球治理新格局。

附 录 名 词 解 释

【一次能源】从自然界取得的未经任何改变或转换的能源，如原煤、原油、天然气、生物质能、水能、核燃料，以及太阳能、地热能、潮汐能等。根据成因可分为三类：第一类是来自太阳热核反应释放的能量，包括直接达到地球的太阳能辐射，由太阳辐射能转化而来的原煤、原油、天然气和生物质能，以及太阳能的热效应在大气、陆地与海洋三者之间的界面产生的风能、波浪能和洋流的动能；第二类是蕴藏在地球内部的岩石和流体中的地热能，以及放射性矿物蕴藏的核能；第三类是月球、太阳和地球的相互作用产生的潮汐能。根据其能否循环使用和不断得到补充，又可分为可再生能源、非可再生能源。

【二次能源】一次能源经过加工或转换得到的能源，如煤气、焦炭、汽油、煤油、柴油、重油、电力、蒸汽、热水、氢燃料、酒精等。在生产过程中排出的余能余热，如高温烟气、可燃废气、废蒸气、废热水、有压流体等也属于二次能源。二次能源比一次能源有更高的终端利用效率，也更清洁和便于利用。

【化石能源】泛指由远古动植物的化学演变而形成的能源，如煤炭、石油、天然气、油砂以及油页岩等各种固体、液体和气体物质。

【非化石能源】指化石能源之外的一次能源，包括核能、风能、太阳能、水能、生物质能、地热能、海洋能等。

【可再生能源】指自然界中可以循环再生、反复持续利用的一次能源，主要包括水能、风能、太阳能、生物质能、地热能和海洋能等。

【清洁能源】即绿色能源，是指不排放污染物、能够直接用于生产生活的能源，它包括核能、可再生能源、使用低污染的化石能源（如天然气等）以及利用清洁能源技术处理过的化石能源，如洁净煤、洁净油等。

【传统能源】指在现阶段科学技术水平下，人们已经广泛使用、技术上比较成熟的能源，如煤炭、石油、天然气、水能等，也称常规能源。

【新能源】指传统能源之外的各种能源形式，处于开发利用或研究初期，具有一定推广应用潜力的能源，如风能、太阳能、生物质能、地热能和海洋能等。

【分布式能源】是一种建在用户端的能源供应方式，可独立运行，也可并网运行，是以资源、环境效益最大化确定方式和容量的系统，将用户多种能源需求，以及资源配置状况进行系统整合优化，采用需求应对式设计和模块化配置的新型能源系统，是相对于集中供能的分散式供能方式。

【终端能源消费】一定时期内全国（地区）各行业和居民生活消费的各种能源在扣除了用于加工转换二次能源消费量和损失量以后的数量。

参 考 文 献

[1] EMBER. EMBER 2022 Global Electricity Review［R］. EMBER，2022.

[2] Royal Dutch Shell. Shell LNG Outlook 2022［R］. 2022.

[3] BP p. l. c.. BP Statistical Review of World Energy 2022［R］. BP p. l. c.，2022.

[4] 中华人民共和国统计局. 中国能源统计年鉴［M］. 北京：中国统计出版社，2022.

[5] International Monetary Fund. Research Dept. World Economic Outlook［R］. International Monetary Fund，2022.

[6] 中国电力企业联合会. 全国电力工业统计公报［R］. 中国电力企业联合会，2022.

[7] 中国石油集团经济技术研究院. 2021 年国内外油气行业发展报告［M］. 北京：石油工业出版社，2022.

[8] 中国煤炭工业协会. 2021 煤炭行业发展年度报告［R］. 中国煤炭工业协会，2022.

[9] 国家能源局石油天然气司，国务院发展研究中心资源与环境政策研究所，自然资源部油气资源战略研究中心. 中国天然气发展报告（2022）［M］. 北京：石油工业出版社，2022.